3시간 안에 배우는

4차 산업혁명
에센스

이호성, 경갑수, 황재민(대표저자) 지음

4차 산업혁명 에센스

초판 1쇄 발행 2020년 3월 15일
   2쇄 발행 2020년 8월 15일

지 은 이	이호성, 경갑수, 황재민
발 행 인	권선복
편 　 집	권보송
디 자 인	서보미
전 자 책	서보미
발 행 처	도서출판 행복에너지
출판등록	제315-2011-000035호
주 　 소	(07679) 서울특별시 강서구 화곡로 232
전 　 화	0505-613-6133
팩 　 스	0303-0799-1560
홈페이지	www.happybook.or.kr
이 메 일	ksbdata@daum.net

값 20,000원
ISBN 979-11-5602-790-4 (93320)

---

* 본 도서에 대한 내용 문의, 강의 요청 그리고 신규 강좌 개설, 교육 제휴에 대한 문의처는 다음과 같습니다
　황재민 원장 : pamir@yonsei.ac.kr

3시간 안에 배우는

4차 산업혁명 에센스

이호성, 경갑수, 황재민(대표저자) 지음

2020
세종도서
학술부문

서울시교육청
학교프로그램
진행도서

사단법인
한국과학저술인협회
인증 우수도서

AI

5G

Blockchain

도서
출판 행복에너지

사단법인 한국미래과학진흥원
Korea Institute of Future Science

사단법인 한국미래과학진흥원은 초대 이사장 권오갑 과학기술부 차관을 중심으로, 대한민국의 과학 발전과 과학기술 정책에 대한 지원, 과학문화 창달과 국민경제 발전에 기여할 목적으로 2011년 4월 15일 설립되었다. 과학이 모든 학문의 기초임과 동시에 인류 문명의 발전과 국가 경쟁력의 핵심이라는 인식을 제고하기 위해서 과학의 역할과 중요성 및 업적 그리고 인문학·사회과학 분야에 대한 연구와 교육 등을 융합적으로 추진하고 있다. 한국미래과학진흥원은 과학기술정보통신부 인가의 비영리법인이다.

사단법인 한국과학저술인협회
Korea Science Writers Association

과학기술정보통신부 인가 비영리법인인 사단법인 한국과학저술인협회는 1대 협회장 홍문화 서울대학교 약학대학 교수, 2대 협회장 김정흠 고려대학교 물리학과 교수를 필두로 1977년 3월 26일 설립되었다. 과학문화의 확산을 위한 연구·조사, 세미나·강연회 개최 등을 목적으로 출범한 사단법인 한국과학저술인협회는 과학과 기술의 영역은 물론이고 4차 산업혁명시대에 부응하는 과학의 융합화와 복합화를 위하여 인문학과 사회과학 및 예술 분야 그리고 미래학 등으로의 통합적인 연계를 실천하고 있다.

유명한 일화逸話가 있다. 1865년 영국에서 '붉은 깃발
법'Red Flag Act이 시작되었다. 붉은 깃발을 든 기수旗手가 도로를
주행하는 자동차에 앞장서서 이끌거나 안내해야만 했다. 그리
고 이때 자동차의 최대 속도는 일반인이 빠르게 걷는 수준인 시
속 6.4km로 제한하였다. 증기자동차가 전성기에 진입하는 시
점에 영국은 마차업자들을 보호하기 위하여 이른바 세계 최초
의 매우 이상한 '교통법'을 제정하였다. 자동차 운행에 대해 까
다로운 제약 조건을 부과한 '붉은 깃발법'은 결국 영국이 시작
했던 자동차 산업을 독일과 미국에 비하여 상대적으로 낮은 위
치에 놓이게 만들었다.

우리나라는 지난 2015년 9월 세계 최초로 '클라우드
발전법'을 제정하면서 클라우드 서비스 활성화에 나섰다. 그러

나 높은 규제와 관심 부족으로 실제 도입률은 높지 않은 편이었으며, OECDOrganization for Economic Cooperation and Development. 경제협력개발기구 국가들 중 최하위권이다. 이러한 내용들은 우리 앞에 전개되고 있는 4차 산업혁명의 파도와 파고波高를 보면서 드는 여러 가지 생각들 중의 일부이다.

인간이 만든 기계가 스스로 생각하고 판단하며 학습 능력까지 갖추면서 통신망을 통하여 다른 기계와 협력하는 시대가 도래到來하였다. 이미 세계적으로는 10년 전부터 사물인터넷Internet of Things이라는 말이 유행했지만, 이제는 사물지능Intelligent of Things이 더 적합한 단어이다. 작은 디바이스 또는 단말기 하나에도 인공지능이 포함되면서 놀라운 일들이 가능해질 것으로 전망되고 있기 때문이다.

특히 사물지능, 인공지능의 바탕에는 5G5세대 이동통신가 있고, 5G 덕분에 가능한 기술이기도 하다. 초고속의 대용량 통신이 가능한 5G로 각종 초정밀기계 및 산업 설비 등이 시스템으로 연결될 수 있다. 그리고 이에 따라 보다 더 정교한 의료산업, 제조업, 농업 등이 비로소 가능해지는 것이다. 사물지능과 5G가 융합되면 초대규모 단지의 논 또는 과수원에서 어떤 곳에 강수량이 부족하고, 어느 부분에 비료가 더 필요한지를 파악할 수 있다. 그리고 인공지능과 5G통신이 탑재된 드론이 적정하게 수분물과 영양을 토지에 공급해주는 기능을 수행한다. 로봇과 드론 등을 활용한 음식 배달Food Delivery 서비스 정도의 내용은 이미 일상화된 이야기로 간주되고 있다. 즉 거창한 거대 담론談論 유형의 제4차 산업혁명을 언급하기도 전에 벌써 우리 옆에는 미래혁명의 생활화 모습이 바짝 다가온 것이다.

4차 산업혁명의 시작은 독일의 제조업 부흥을 위해 처음으로 구상되었던 인더스트리 4.0으로부터 촉발된 것이다. 자율주행차, 인공지능 의사, 배달용 로봇, 학습 능력을 갖춘 산업용 로봇 등 SFScience Fiction. 공상과학영화에서 등장하였던 상상 속의 일들이 지금 우리의 주변에서 속속 일어나고 있다. 인간이 만든 기계가 스스로 생각하고 판단하며 학습 능력까지 갖추고 통신망을 통해 다른 기계와 협력하는 시대가 온 것이다.

4차 산업혁명에 대한 기대와 함께 인류의 미래에 대한 우려와 불확실성이 동시에 교차하고 있다. 인간이 만든 기계가 다른 기계와 협력하는 초연결·초지능·초융합의 시대를 맞이하면서, 인류의 업무와 생활 등 일상日常의 모든 경우에 대변

혁 및 대전환을 가져오는 것은 불을 보듯 분명하다. 이와 함께 기계가 인류를 지배하는 대재앙의 서막序幕이라는 걱정도 함께 나온다. 인류에게 축복이 될 것이냐 아니면 재앙이 될 것이냐의 갈림길에 서게 된 것이다. 영국의 저명한 경제학자인 데이비드 리카도David Ricardo는 1821년 일찍이 기계의 인간 노동 대체에 대하여 큰 우려를 표명하였고, 이러한 우려는 현재까지도 여전히 유효하다.

이호성, 경갑수, 황재민, 3인의 공저자는 4차 산업혁명과 관련된 핵심 기술로 AI인공지능, 5G5세대 이동통신, Blockchain블록체인 기술을 선정하였다. 내용의 난이도難易度는 4차 산업혁명의 3가지 핵심 기술을 최단 시간에 이해하려는 독자들을 염두에 두고 집필의 방향성을 확정하였다. 이를 위하여 분량의 간추림까지 고려하였다. 그리고 이들 3가지 기술의 내용을 초압축적으로 설명하였다. 부연하자면 3인의 공저자는 4차 산업혁명의 이해와 통찰을 빠르게 파악하기 위하여 핵심 내용을 위주로 집필하였음을 거듭 밝힌다.

4차 산업혁명의 핵심 기술의 집필에 AI인공지능, 5G5세대 이동통신, Blockchain블록체인이라는 핵심 주제가 최적의 만남과 결합이 되도록 3인의 필자들은 미력하지만 최선을 다하였다. 특히 이들 세 가지 기술이 창출할 새로운 산업과 새로운 미래 세계의 가능성에 중점을 두고 집필하였다.

향후 기회와 여건이 주어지고 또한 마련이 된다면 관련 주제에 대하여 더욱 밀도 있는 내용을 펼치도록 노력할 것임을 다짐한다. 끝으로 서울시교육청, 사단법인 한국과학저술인협회 이종호 협회장, 사단법인 한국미래과학진흥원 조성호 사무총장 그리고 행복에너지 권선복 대표의 성원과 배려에 진심으로 감사를 드린다.

2020년 3월

이호성, 경갑수, 황재민

| 목차 |

PART 1

AI (Artificial Intelligence, 인공지능)
: 4차 산업혁명의 끝판왕

이호성 저자

PART 2

5G (5세대 이동통신)
: 미래를 여는 슈퍼 하이웨이

경갑수 저자

PART 3

Blockchain(블록체인)
: 가치 창출의 신뢰 인프라 기술

황재민 저자

┃ 이호성 저자

KMAC(한국능률협회컨설팅) 자문위원, 한국미래과학진흥원 이사진

『4차 산업혁명 에센스』

『현장중심형 스마트팩토리』

▶ 『4차 산업혁명 에센스』

　　　2020년 서울교육청 학교프로그램 진행도서

　　　2020년 사단법인 한국과학저술인협회 인증 우수도서

　　　2020 한국출판문화산업진흥원 세종도서 선정(학술부문)

PART 1

AI

Artificial Intelligence, 인공지능

: 4차 산업혁명의 끝판왕

———

최고지능 인간은 세상의 지배자가 되었다.
인간을 모방하는 인공지능은 기계학습, 딥러닝을 받아들이면서
빠르게 진화하고 있다. 인공지능은 단순 직업의 세계뿐만이 아니라 의료계,
법조계 등 전문영역에서 최고지능을 넘보고 있다. 인공지능 덕분에
적게 일하고, 잘 살 수 있을까? 아니면 인공지능에게 자리를 내주고,
인간은 세상 저편으로 밀려날 것인가? 기대가 있고 우려도 있다.
이미 도래한 미래이자 현재인 인공지능에 대해 알아보기로 한다.

인공지능이 몰려오고 있다!
| 인공지능의 습격

2016년 3월 알파고AlphaGo 대 이세돌의 대결이었던 구글 딥마인드 챌린지 매치Google Deepmind Challenge Match가 서울에서 진행되었다. 알파고라는 인공지능 프로그램과 바둑계 최고 수준인 인간과의 대결로 주목을 받았다. 전문가들은 이세돌의 우세를 예상하였으나 결과는 알파고가 4승 1패로 승리하였다. 이세돌 9단이 계속하여 3판을 지고 있을 때, 사람들은 인공지능에 대해 두려움을 갖게 되었다. 제4국에서 이세돌 9단이 180수만에 불계승不計勝을 거두었을 때는 마치 그가 외계의 침략으로부터 지구를 구한 것 같은 기쁨에 환호성이 터져 나왔다. 이후 한 단계 진화된 알파고 2.0은 2017년 5월 세계 바둑랭킹

1위인 중국의 '커제'와의 대국對局에서 3전 3승으로 완벽하게 승리하였다. 그리고 바둑계에서 은퇴하겠다고 선언했다. 결국 알파고의 유일한 패배는 이세돌 9단과의 제4국으로 남게 되었다.

2016년 미국의 대형 법무법인에서는 세계 최초로 인공지능Artificial Intelligence 변호사 '로스ROSS'를 채용했다. IBM의 '왓슨Watson' 기술을 적용한 로스는 인간 변호사 50명과 함께 파산관련 업무를 맡는다. 로스는 법률 지식을 갖고 있어 형량을 계산할 수 있으며, 전 세계 판례 등을 수집, 분석하여 업무를 지원한다. 로스의 도움으로 변호사들은 의뢰인의 변호에 더 집중할 수 있으며, 보다 창조적인 일을 할 수 있다. 2019년 한국에서도 사람 변호사와 인공지능 변호사 간의 대결이 있었다. 변호사 2인으로 구성된 9개 팀과 변호사와 인공지능으로 구성된 3개 팀이 참가하였으며, 결과는 인공지능 변호사 팀이 1위~3위를 모두 차지했다.

로봇 기자는 기사를 쓰고, 인공지능 변호사는 더 논리적인 대응을 할 수 있도록 법조문을 찾아주고, 인공지능 의사는 사람보다 더 정확하게 암 진단을 한다. 인공지능 로봇이 주방장이 되고, 점원이 되고, 경비원이 된다. 나아가 그림그리기,

글쓰기, 작곡하기, 광고제작, 제품 디자인 등 창작 영역까지 인공지능이 진출하고 있다. 1, 2차 산업혁명에서 기계는 사람의 노동력을 대체하였고, 3차 산업혁명에서 컴퓨터는 인간의 단순한 지적 능력을 대체하는 과정이 되었다. 4차 산업혁명에서 인공지능은 전문적인 직업의 세계로 진입하고 있다. 인공지능은 다가올 미래가 아니고, 이미 도래到來한 현재라고 할 수 있다.

아직 도래하지 않은 인공지능은 SFScience Fiction, 공상과학 영화에서 확인할 수 있다. 1984년 제임스 카메론James Cameron이 감독한 SF영화 '터미네이터'는 서기 2029년 핵전쟁의 잿더미 속에서 지구를 지배하고 있는 기계들에게 강력하게 대항하는 인류저항군의 이야기를 소재로 하고 있다. 인류를 말살하려고 하는 기계들에 맞서 '존 코너'가 이끄는 인류저항군은 기계들과 피할 수 없는 항전抗戰을 벌인다. 기계들의 지도자인 군사 컴퓨터 '스카이넷'은 '존 코너'의 존재 자체를 없애기 위해 그의 어머니인 '사라 코너'를 제거할 목적으로 인공지능 로봇인 T-800아놀드 슈왈제네거을 서기 1984년의 로스앤젤레스로 보낸다. 이것을 알아낸 인류저항군 또한 '사라 코너'를 지키기 위해 '카일 리스'라는 청년을 역시 1984년의 로스앤젤레스로 급파急派하면서 영화가 전개된다. 이후 터미네이터 시리즈는 1991년

'심판의 날', 2003년 '라이즈 오브 더 머신', 2009년 '미래전쟁', 2015년 '제니시스', 2019년 '다크페이트'까지 총 6편이 제작되었으며, 영화사映畫史에 새 장을 연 SF영화로 인식되고 있다.

인공지능이 사람의 일자리를 빼앗고, 미래에는 인류를 지배할 수도 있다. 하지만 선도先導 기업들과 선진국들은 오히려 인공지능 개발을 강력하게 추진하고 있다. 기대와 우려가 교차되는 인공지능, 어떻게 이해하고 대응할 것인지 알아보도록 하자.

module 02

인공지능의 필살기
| 인공지능을 지원하는 기술

인공지능은 학습능력과 추론능력, 지각능력, 자연어 이해능력 등을 컴퓨터 프로그램으로 실현한 기술이다. 인공지능을 지원하는 기술로 스마트센서, 사물인터넷, 클라우드, 빅데이터, 산업용 로봇, 가상·증강현실, 3D 프린팅 등 총 7가지를 선별하였다. 관점에 따라 다를 수 있겠지만 여러 전문가 그룹에서 대체로 인정하는 범위이다. 관련내용은 다음과 같다.

[1] 스마트센서(Smart Sensor)

센서는 물리적인 센서와 소프트웨어 센서로 대별大別

할 수 있다. 물리적 센서는 열, 빛, 온도, 압력, 소리 등의 물리적인 양量이나 그 변화를 감지하고 전기적인 값으로 변환하여 알려준다. 소프트웨어 센서는 물리적인 센서가 만들어낸 값들을 결합하여 새로운 값을 만들어내는 센서를 말한다. 온도와 습도라는 물리적인 값을 측정하여 불쾌지수로 보여주는 센서를 만들 수 있다. 물리적인 센서의 종류는 약 200여 가지가 된다고 하며, 일상생활 속에서 손쉽게 접할 수 있는 센서의 종류는 급격하게 증가하고 있다.

우리가 갖고 다니는 스마트폰의 초기모델에는 조도센서, 가속도센서, 지자기센서로 총 3개의 센서가 사용되었다. 조도센서는 빛의 밝기를 감지하여 디스플레이의 밝기를 조절한다. 가속도센서는 움직이는 물체의 속도를 측정한다. 지자기센서는 지구의 자기장을 탐지해 방위方位를 알 수 있다. 이후 신규 모델이 출시될 때마다 센서들이 추가되고 있다. 회전상태를 인식하는 자이로센서Gyro Sensor, 물체의 접근을 감지하는 근접센서, 빛과 색의 농도를 검출하는 RGB Red · Green · Blue, 적 · 녹 · 청센서, 자기장의 세기를 감지하는 홀센서Hall Sensor, 기압계, 온 · 습도, 모션Motion, 제스처Gesture, 심장박동, 지문인식, 소리, 이미지, 터치 등 20여 개의 센서가 사용되고 있다.

센서에 회로를 부가하여 일체형으로 만든 스마트센서Smart Sensor는 사물을 분별하고 판단할 수 있다. 스마트센서의 적용사례로는 사람이 접근하면 작동하는 에스컬레이터, 자동으로 조절되는 냉난방기, 사물인식 조명, 바코드Bar Code를 이용한 전자간판, 중력센서를 이용한 재고량 관리 등이 있다.

스마트센서는 반도체기술을 접목한 MEMSMicro Electro-Mechanical System, 미세전자기계시스템로 진화하고 있다. MEMS에 적용한 반도체기술은 마이크로미터μm, 1/1000mm크기의 소자素子를 만들 수 있는 나노기술Nano Technology이다. 나노기술을 적용한 MEMS는 센서 여러 개를 하나의 칩에 구현All in one하여 가격과 크기를 줄였다.

MEMS는 초소형으로 전력소모가 크지 않기 때문에 무선통신 기능을 채택하는 경우에도 배터리 수명을 5년 정도 유지할 수 있다. MEMS는 자동차, 스마트폰, 게임, 원격진료, 대규모 환경감시, 스마트 홈, 설비 예지보전, 종합 물류 모니터링 등 활용분야가 증가하고 있다.

IoT Internet of Thing, 사물인터넷 전문기업인 Bosch-Rexroth

의 XDK센서는 가속도, 각속도, 자력^{磁力}, 소음, 습도, 압력, 온도, 조도^{照度} 등 8가지 센서와 WiFi Wireless Fidelity, BT Blue Tooth 기능을 일체형으로 만든 MEMS센서이다. XDK는 설비의 상태를 원격으로 감시하거나, 물류이송과정에서 제품의 상태를 실시간으로 관리하는 등 다양하게 적용되고 있다.

[2] 사물인터넷(Internet of Thing)

사물인터넷Internet of Things은 세상에 존재하는 유형 혹은 무형의 객체들을 연결하는 기술이다. 사물인터넷은 M2M Machine to Machine, WSN Wireless Sensor Network, USN Ubiquitous Sensor Network, IoE Internet of Everything 등 다양한 용어로 사용되어 왔다. 사물인터넷은 단어 뜻 그대로 사물들Things이 서로 연결된 것 혹은 사물들로 구성된 인터넷이다. 책상, 탁자, 의자, 자동차, 나무, 애완견 등 세상에 존재하는 모든 사물이 연결되어 구성된 인터넷이다. 종래의 인터넷은 사람만의 전유물이었지만 이제는 세상의 모든 것들이 인터넷을 사용한다.

산업의 발전 과정을 인터넷이 없던 시절과 인터넷을 사용하는 시절로 구분해 볼 수 있다. 1994년 전후로 웹Web이 개발되고 PC의 보급이 확대되면서 인터넷을 사용하는 인구가 폭발적으로 증가했다. 1994년 이전에는 인터넷이 없었고, 1994년 이후 인터넷 세상이 열렸다. 인터넷이 없던 시절에는 서적, 논문, 신문, 시청각 자료 등을 입수하여 스스로 학습하거나, Media 혹은 대면 접촉으로 지식·정보를 습득하였다. 이런 방법으로는 시간이 많이 걸릴 뿐만 아니라 훌륭한 스승을 만나는 것도 행운이었다. 이제 인터넷을 통하면 누구라도 '정보의 바다'로 들어갈 수 있다.

인터넷이 없던 시절의 선배, 상사는 존경의 대상이었다. 왜냐하면 오랜 경험으로 체득한 지식·정보를 갖고 있기 때문이었다. 시장에서는 정보가 부족한 소비자보다 생산자가 다소 유리한 입장에 있었다. 소비자는 원가도 알 수 없고, 가격 비교도 어려웠기 때문이다. 1994년 이후 인터넷을 활용하면서 현명한 소비가 가능하게 되었다. 직장인들은 출근하면 컴퓨터를 켜고 인터넷에 접속하는 것으로 업무를 시작한다. 메일을 확인하고, 뉴스를 검색하고, 화상회의로 소통하거나 네트워크상에서 정보를 공유한다. 이제는 경험이 많다거나, 나이가 많다는 이유만으로는 존경받기 힘들다. 시장에서도 생산자가 소비자보다 유리한 입장이라고 단정할 수 없다.

인터넷을 비즈니스 모델로 채택한 대표적인 기업인 아마존을 보자. 제프 베조스Jeffrey Bezos는 1995년 인터넷에서 책을 팔겠다는 생각으로 세계 최초의 전자상거래 기업인 '아마존'을 창업하여 '책 없는 책방' 시대를 열었다. 아마존은 2001년 닷컴 버블Dot-com Bubble, 인터넷기반 기업의 실패로 경영위기를 맞았지만, 이때의 위기를 종합쇼핑몰로 변신하는 계기로 삼아 성장하게 된다. 이제 아마존에서는 모든 것을 판다. 창업자인 제프 베조스는 2017년 7월 빌 게이츠 회장을 넘어 세계 최고의 부자가 되었다. 아마존을 비롯한 플랫폼Platform 기업들의 성장은 바로 인터넷의 파괴적인 위력 때문이다. 소니의 전前 사장이었던 이데이 노부유키Idei Nobuyuki는 '인터넷은 과거의 산업을 멸망시키는 운석'이라고 말한 바 있다.

네트워크장비 분야의 대표적인 미국 기업인 시스코 CISCO가 2018년에 발간한 보고서에 의하면 2022년까지 전 세계의 네트워킹이 가능한 기기는 약 285억 개에 달할 것으로 예상했다. 연결된 사물들은 데이터를 만들고 이것을 활용하면 새로운 부가가치가 탄생한다. 예를 들면 사물인터넷으로 연결된 버스는 무형의 공간인 버스정류장과 연결되어 사람들에게 도착시간, 버스의 혼잡정도, 버스의 종류와 같은 정보를 제공한다.

이것은 유형의 버스, 무형의 공간인 정류장, 스마트폰이 연결되었기 때문에 얻을 수 있는 새로운 가치라고 할 수 있다.

지금까지 정보의 유통경로는 단순했다. 모든 정보는 인간에게 전달되고 인간이 조치하는 것뿐이었다. 정보의 최종 목적지는 사람이었다. 이제 필요하다면 사물들끼리 정보를 전달하고 사물들이 각각 필요한 조치를 취할 수 있다. 재료, 제품, 설비, 건물, 구축물과 같은 무생물들도 생명을 얻은 것처럼 소통을 할 수 있다. 사물Thing인 인공지능이 분석하고 조치하는 세상이다. 사람이 관여하지 않는다.

[3] 클라우드(Cloud)

클라우드Cloud란 데이터와 소프트웨어를 인터넷과 연결된 중앙컴퓨터에 저장해서 인터넷에 접속하기만 하면 언제 어디서든 데이터와 소프트웨어를 이용할 수 있는 서비스이다. 기존의 컴퓨팅 환경은 소장하고 있는 컴퓨터에 설치된 소프트웨어를 사용하고, 작업한 컴퓨터에 자료를 저장하는 방식이었다. 성능개선을 위해 컴퓨터를 교체할 때는 저장되어 있는 파일을 옮겨야 하고 소프트웨어도 다시 설치하는 등 번거로운 일이 하나둘이 아니다. 기업이나 학교에서는 서버실을 운영해야 하기 때문에 전문가의 관리가 필요하다. 클라우드를 이용하면 기업이나 학교에 서버실은 필요가 없다. 그저 PC나 태블릿으로 인터넷에 연결만 하면 항상 최신의 소프트웨어와 자료를 사용할 수 있다.

클라우드는 다 갖추고 사용하는 것이 아니라 사용한 만큼 비용을 지불하는 개념이다. 사용자는 컴퓨팅 자원 전체를 구매하는 것이 아니라 원격으로 컴퓨팅 자원과 소프트웨어를 임대하여 사용하게 된다. 자체적으로 모든 컴퓨팅 자원을 소유하는 경우에는 사용하지 않을 때도 비용을 지불하는 것과 같다. 고高기능의 소프트웨어나 고高성능 컴퓨팅 자원을 구입하려면 비용이 과다하여 사용하는 것 자체가 불가능할 수도 있다. 하지만 클라우드를 활용하면 필요할 때 필요한 기간만큼만 임대할 수 있으므로 상대적으로 부담 없는 비용으로 사용할 수 있다.

사람은 지적능력과 신체기능이 일체화된 완전체完全體, Perfect Body라고 할 수 있다. 인공지능이 사람과 같은 완전체가 되려면 슈퍼컴퓨터를 하나씩 갖고 있어야 할 것 같다. 하지만 클라우드를 활용하게 되면 대부분의 지적능력은 클라우드에 맡겨두면 된다.

[4] 빅데이터(Big Data)

IT Information Technology혁명, 스마트혁명으로 데이터 양量이 급격하게 증가하면서 빅데이터가 주목받고 있다. 빅데이터는 기존의 데이터베이스 관리도구로는 수집, 저장, 분석할 수 없는 규모이다. 그러나 빅데이터가 단순히 빅Big과 데이터 Data의 합성어는 아니다. 가트너Gartner는 빅데이터의 특징으로 데이터의 양Volume, 데이터의 입출력 속도Velocity, 데이터 종류의 다양성Variety이라는 세 가지 차원으로 설명했다.

시장조사기관인 IDC International Data Corporation보고서에 따르면 2012년 한 해 동안 전 세계적으로 생성된 데이터의 양量은 2.8ZB[1]로, 그 이전까지 생성된 데이터의 양을 모두 합친 것보다 많았다. 2020년에는 40ZB에 이를 것으로 예상하고 있다. 이러한 데이터에서 가치Value를 찾아내기 위해서는 신뢰

----

1 제타바이트(Zetabyte, ZB) : 데이터 정보량을 나타내는 단위로 10의 21제곱을 의미하는 접두어 '제타(Zetta)'와 '바이트(Byte)'의 합성어이다. 1에 0이 21개 달린 숫자로 10해(垓)에 해당한다. 1제타바이트는 1024엑사바이트(EB), 1엑사바이트는 1024페타바이트(PB), 1페타바이트는 1024테라바이트(TB), 1테라바이트는 1024기가바이트(GB), 1기가바이트는 1024메가바이트(MB)이다.

할 수 있는 데이터를 축적하는 것이 중요하다. 'GIGO Garbage In Garbage Out'라는 표현이 있다. 쓰레기 Garbage를 집어넣으면 쓰레기밖에 나오지 않는다.

　　빅데이터가 부각되는 배경으로는 첫째, 기업이 수집하는 고객 데이터가 급증하고 있기 때문이다. 고객의 구매 욕구에 부합하는 맞춤형 서비스를 제공하기 위해 데이터베이스 마케팅이 중요한 수단이 되고 있다. 따라서 기업은 온라인, 오프라인에서의 사용자 정보 및 소비 행태를 적극적으로 수집하고 있다. 예를 들어 영국의 대형유통기업인 테스코 TESCO에서는 매달 15억 건 이상의 고객데이터를 수집하고 있다.

　　둘째, 사물인터넷의 적용이 급격하게 증가하고 있기 때문이다. 공장의 설비들에는 더 많은 센서와 IoT Internet of Thing, 사물인터넷가 설치되고 있으며, 최근 출시되는 제품들 또한 IoT기능을 구비한 것들이 많다. 체중계, 이불, 난방용품 등은 IoT로 연결하고 스마트폰으로 제어한다.

셋째, SNS의 확산과 비정형 데이터Unstructured Data[2] 의 폭증 때문이다. 스마트폰의 사용이 폭발적으로 증가하면서 중장년층까지 SNSSocial Network Service, 소셜네트워크서비스가 확산되고 있다. Text기반의 데이터뿐만이 아니라 사진 및 고화질 동영상 등 비정형 데이터가 점차 증가하고 있다. 종래의 정형 데이터[3] 처럼 숫자 혹은 구조화된 데이터베이스 형식이 없는 것들이 대부분이다.

종래에는 빅데이터를 분석하려면 많은 시간과 비용이 필요했지만, 지금은 저비용으로 분석할 수 있는 솔루션들이 개발되어 있다. 빅데이터 분석 기술 중 대표적인 것으로 2004년 미국의 프로그래머 더그 컷팅Doug Cutting이 개발한 하둡 분산파일시스템HDFS, Hadoop Distributed File System이 있다. 아들이 노란 코끼리 장난감을 '하둡Hadoop'이라고 부르는 것을 보고 명칭을 붙였다고 한다. 하둡은 오픈소스 솔루션으로 소프트웨어의 설계도에 해당하는 소스코드를 인터넷 등을 통하여 무상으로 공개하여 누구나 이것을 개량하고 재배포할 수 있다.

----

2 비정형 데이터: 이미지, 영상, 문서 등과 같이 미리 정해진 형태나 구조가 없는 데이터를 의미한다.

3 정형 데이터: 일반적인 데이터베이스(Data-base, DB)로 구성할 수 있는 형식을 갖춘 데이터이다.

빅데이터 분석기법 중 통계적 분석은 수치형 데이터를 기반으로 상관분석Correlation Analysis, 회귀분석Regression Analysis, 분산분석Variance Analysis 등을 수행하여 어떤 현상을 확률적으로 예측한다. 통계적 분석은 산업현장의 시계열 데이터를 사용하여 공정, 설비의 상태를 예측하는 인공지능 알고리즘을 개발할 때 많이 적용하고 있다.

데이터 마이닝은 데이터 사이에 숨겨져 있는 정보를 발견해 내는 기술이다. 광산Mine에서 '금'을 캐는 것처럼 빅데이터에서 정보를 캐내는Mining 것이라 할 수 있다. 텍스트 마이닝은 블로그, 게시판, 신문, 잡지 등에서 발생되는 텍스트를 분석하여 고객의 불만이나 기대사항 등을 찾아내어 서비스나 상품 개발에 활용한다. 이외에도 도면, 그림, 사진, 동영상, 손글씨 등 다양한 비정형 데이터로부터 정보를 탐지하거나 이슈를 분석하는 기술이 발전하고 있다.

인공지능이 역할을 하려면 데이터가 필요하다. 인공지능은 데이터를 기반으로 학습을 하고, 데이터를 기반으로 정보를 제공한다. 인공지능은 적은 양量의 데이터로는 유용한 가치를 제공하지 못한다. 빅데이터가 필요하다.

[5] 산업용 로봇

인간의 노동력을 대체하는 대표적인 수단은 '로봇'이다. 로봇은 위험하고Dangerous, 어렵고Difficult, 지저분한Dirty 작업 영역에서 사람의 역할을 대신해 주고 있는 고마운 도구이다. 예를 들어 용접작업은 실명失明의 위험도 있고, 화재의 원인이 되는 등 대표적인 재해 발생의 원천이다. 또 물건을 이동, 포장, 적재하는 물류 작업에서도 산업재해가 많이 발생한다. 로봇은 이러한 곳에서 진가眞價를 발휘해 왔다. 더구나 로봇은 24시간 휴식 없이 일을 시켜도 불평·불만하지 않는다.

로봇은 대부분 철 구조물로 제작된 중량물이라 사람과 같은 공간에 있을 수 없다. 사람과 로봇이 충돌하지 않도록 로봇이 작업하는 공간에는 안전安全 펜스Fence. 울타리를 설치하여 사람이 접근하지 못하도록 법法으로 규제하고 있다. 또 기존 로봇의 역할기능은 단순하기 때문에 한번 설치하면 그 자리에 고정되어 이동하기 힘들다. 로봇은 비싸고, 공간을 차지하고, 유연성도 부족했다.

오늘날 협동로봇Collaborative Robot. 코봇은 안전 펜스를 걷어내고 밖으로 나와 사람과 같은 공간에서 일할 수 있게 되었다. 협동로봇은 일반적으로 토크센서Torque Sensor를 장착해서 사람에게 위해危害를 줄 수 있는 힘Power을 감지하면 자동으로 정지한다. 협동로봇은 탁상에 올려놓을 수 있을 정도로 작고, 가벼운 것들이 많아 이동하기도 쉽다. IoT를 통해 인터넷 혹은 다른 설비들과 네트워크로 연결할 수도 있고, 작업변경도 간단하게 할 수 있다. 사람이 협동로봇의 팔을 잡고 움직이는 방식으로 손쉽게 작업을 가르칠 수도 있다.

펜스Fence가 필요 없는 협동로봇은 사람이 일하는 장소로 바로 들어갈 수 있기 때문에 공간도 많이 차지하지 않는다. 협동로봇을 사용하던 공정에서 작업조건이 바뀌면 로봇의 역할을 손쉽게 재구성, 재배치할 수 있다. 협동로봇은 어렵고, 힘들고 피로도가 높은 작업을 수행하고, 같은 공간에 있는 사람은 협동로봇이 수행하기에는 비효율적인 작업을 담당한다.

한국도 협동로봇에 대한 안전安全인증 제도를 제정하여 2018년 7월부터 적용하고 있다. 국제표준을 바탕으로 제정되었으며, 인증심사는 한국로봇산업진흥원에서 담당하고 있다. 안전성, 효율성 그리고 육체적 노동을 기피하는 사회 분위기 등을 고려할 때 협동로봇의 수요는 점차 증가할 것으로 예상된다. 산업용 로봇이 인공지능을 장착한 협동로봇으로 진화하고 있다.

[6] 가상 · 증강현실

가상현실Virtual Reality. VR은 현실과 유사한 상황이나 환경을 컴퓨터로 만들어 사람이 실제와 유사한 체험을 하도록 구현한 기술이다. 가상현실은 항공기 조정과 같은 위험하거나 고가의 비용이 소요되는 교육·훈련 분야에서 활용되고 있는 기술이다. 가상현실에서 충분히 체험하게 하고, 실전에서는 보다 짧은 시간만으로 필요한 지식과 기능을 숙달하게 하는 수단이 된다. 시뮬레이션 게임과 유사하다.

증강현실Augmented Reality. AR은 현실세계의 이미지 혹은 배경에 가상의 정보사진, 동영상, 문자 등를 보여주는 기술이다. 증강현실은 가상현실의 기술적 한계를 보완하는 기술이다. 1992년 보잉항공사의 토머스 코델Thomas P. Caudell 박사가 복잡한 비행기 전선을 조립하는 방법을 교육하기 위해 가상의 이미지를 실제 화면에 겹쳐서 보여 준 것이 최초라고 알려져 있다.

증강현실은 2009년경 스마트폰이 확산되면서 주목받기 시작했다. 스마트폰에는 GPS Global Positioning System, 나침반, 지자기센서, 가속도센서, 터치센서, 조도센서, WiFi, NFC Near Field Communication. 근거리 무선 통신 등 다양한 센서들이 내장되어 있다. 이러한 센서를 통해 사용자의 위치나 의도 등을 파악하고, 고해상도 디스플레이로 실감나게 가상의 정보를 중첩重疊하여 구현할 수 있게 되었다.

한국은 2016년 과학기술기본법에 기술영향평가 대상 기술로 '가상·증강현실'을 선정하였다. 기술영향평가 대상 기술은 '미래 신기술 및 기술적·경제적·사회적 영향과 파급효과가 큰 기술'이어야 한다고 명시되어 있다. 가상·증강현실 기술이 아직은 실효성實效性이나 파급효과 측면에서 미미한 수준이지만 점차 그 영향력은 증가할 것이라고 예상할 수 있다.

[7] 3D 프린팅

프린팅은 문자, 이미지 등을 인쇄하는 것을 말한다. 3D 프린팅은 Three Dimensional Printing을 일컫는 것으로 3차원 인쇄 즉, 입체적으로 인쇄한다는 의미이다. 본래 인쇄는 출력을 의미하는데, 3D 프린팅은 '인쇄'라는 표현보다는 물건을 만드는 것을 의미한다. 즉, '제작' 혹은 '제조'라는 표현이 적절하다.

가공 산업에서 물건을 만들기 위해서는 최종 제품의 형상보다 큰 소재의 재료를 준비한다. 이것을 깎거나 절단해서 제품을 만들게 되는데, 이 과정에서 재료의 낭비가 발생한다. 3D 프린팅은 얇은 층을 하나씩 쌓아올리는 적층제조 방식을 사용하므로 재료소재의 낭비도 없고 에너지도 절약할 수 있다. 하지만 한 번에 적층되는 두께는 약 16~100마이크로미터μm, 1/1000mm 정도이므로 제조하는 데 많은 시간이 소요된다.

3D 프린팅 기술은 1980년대 초반에 개발된 기술로 시제품 개발에 주로 사용되어 왔다. 제품을 본격적으로 양산하기에 앞서 견본품 혹은 성능검증을 위한 모형을 만드는 프로토타

이핑Prototyping에 적용해 왔다. 최근에는 많은 산업분야에서 미래 첨단기술로 주목받고 있다. 미국, 유럽, 일본, 중국 등 기술선진국들이 적극적으로 기술개발 및 투자를 확대하고 있다.

3D 프린팅이 주목받는 요인으로 개인맞춤형 가치사회의 출현을 들 수 있다. 소비자들은 나만을 위한 특별한 제품, 나의 개성을 보여줄 수 있는 특별한 디자인을 원한다. 기존 공장은 대량생산에 적합한 공법이므로 개별적인 소비자의 요구에 대응하기 힘들다. 3D 프린팅은 기본적으로 '1개 만들기' 공법이므로 개인맞춤형 생산에 적합하다. 소비자는 제품의 설계Design 단계에 참여할 수 있고, 생산자는 제품을 판매Sell한 다음, 개인맞춤형 제품을 3D 프린팅으로 제조Make할 수 있다. 종래에는 'Design→Make→Sell' 방식만 가능했지만, 3D 프린팅을 적용하면 'Design→Sell→Make' 방식을 광범위하게 적용할 수 있다.

3차 산업혁명 시대에는 IT기술이 주도하였으므로 좁은 공간에서 비즈니스가 가능하다는 SOHOSmall Office Home Office라는 표현이 있었다. 이제 4차 산업혁명의 3D 프린팅 기술은 SOHO를 넘어 HMHome Manufacturing도 가능하다. 주택 혹은 가까운 공간에서 소비자가 필요로 하는 상품을 DIY Do It Yourself

로 제조할 수 있는 시대가 오고 있다.

3D 프린팅은 언제, 어디서나 필요한 물건을 만들 수 있는 공법이지만, 산업현장에서 광범위하게 사용하려면 해결해야 할 과제가 많다. 지금보다 더 저렴하게, 더 빠르게, 더 다양한 재료를 사용할 수 있어야 한다. 인공지능이 디자인하고, 개인맞춤형으로 3D 프린팅한다.

인공지능이라고 말할 수 있는 것들
┃인공지능의 종류

사람은 자신을 닮은 인공지능Artificial Intelligence을 만들고 싶어 한다. 사람의 눈을 모방한 이미지센서Image Sensor를 만들고, 사람의 팔을 모방한 로봇을 만들고, 사람의 연산·추론능력을 모방한 컴퓨터를 만들었다. 그리고 이 모든 것을 집약한 완전체 인공지능을 개발해 가는 과정에 있다. 인공지능에는 어떤 종류가 있는지 알아보자.

[1] 강·약 인공지능

인공지능에는 강한 인공지능Strong Artificial Intelligence

과 약한 인공지능Weak Artificial Intelligence이 있다. 이세돌 9단과 대국對局을 했던 인공지능 컴퓨터 알파고는 강한 인공지능일까? 약한 인공지능일까? 물어본다면 '강한 인공지능'이라고 말하고 싶을 것이다. 하지만 알파고는 바둑이라는 특정 분야에서만 능력을 발휘하는 것으로 '약한 인공지능'에 해당한다.

약한 인공지능은 인간이 설정한 프로그램 범위 내에서만 동작한다. 주어진 영역에서 인간의 노동력이나 지적인 업무를 전문적으로 대행代行한다. IBM이 개발한 왓슨Watson은 체스 프로그램에 특화된 인공지능 컴퓨터로 시작을 했지만 지금은 의료, 법률, 보안서비스, 설비관리 분야 등으로 활동 범위를 확대해 가고 있다. 이처럼 약한 인공지능만으로도 상당 부분 지적인 업무가 대체되는 과정을 겪게 될 것이 자명하다. 왜냐하면 기계가 인간보다 그 일을 더 잘할 수 있을 뿐만 아니라 경제적이기 때문이다.

강한 인공지능은 인공일반지능Artificial General Intelligence 이라고도 하며, 사람이 할 수 있는 모든 형태의 지적 업무를 수행한다. 명령을 받지 않아도 스스로 필요하다고 판단한 일을 한다. 영화 <터미네이터>에 나오는 가상의 시스템 '스카이넷

Skynet'은 스스로 학습하고 생각하는 강한 인공지능이다. '스카이넷'은 자의식自意識을 가지고 있으며 인간을 정복하려는 욕구까지 갖고 있다. 이러한 컴퓨터 시스템은 당연히 개발하기도 어렵고 시간도 많이 걸린다. 어떤 과학자는 인간은 영원히 강한 인공지능을 개발할 수 없을 것이라고 추측하기도 하고, 다른 과학자는 현재의 기술개발 속도로 볼 때 2045년경이면 강한 인공지능이 세상에 나올 것이라고 예상하기도 한다.

[2] 단순제어 프로그램

인공지능의 첫 번째 단계로 '단순제어 프로그램'이 있다. 단순제어 프로그램에는 피드백 제어와 시퀀스 제어가 있으며, 지금도 자동제어의 핵심 방법론으로 사용되고 있다. 피드백 제어Feedback Control는 설정치와 현재치를 비교하여 제어한다. 피드백 제어는 온도, 습도, 농도, 유량, 압력 등 다양한 분야에 적용되고 있다.

시퀀스 제어Sequence Control는 미리 정해진 순서나 시간 등을 자동으로 수행하는 방법이다. 승강기, 세탁기, 자동판매기 등이 시퀀스 제어로 움직인다. 가정에서 사용하는 세탁기를 보자. 초기의 세탁기는 사람의 노동력을 기계로 대체한 것으로 세탁물, 세제, 섬유유연제 투입 등 모든 조작을 사람이 하도록 고안되었다. 여기까지는 인공지능이라는 표현을 사용하지 않았다.

L사^社는 2018년, 세탁 코스를 자동으로 설정하고, 음성을 인식하는 세탁기를 출시했다. 가장 최근의 5회 사용 패턴을 분석해 3회 이상 반복한 옵션을 반영하고, 날씨에 따라 세탁 옵션을 자동으로 조절해 준다. 예를 들어 비가 오는 날은 탈수 강도를 높이고, 미세먼지가 많은 날엔 강력세탁 코스를 선택하여 헹굼 횟수를 늘려준다. 이렇게 제한적이지만 세탁기가 말을 알아듣고, 학습한 내용을 적용하여 자동으로 설정한다. 상당히 똑똑한 세탁기라고 할 수 있다. 제조사에서는 이것을 인공지능 세탁기라고 부른다.

[3] 머신러닝(Machine Learning, 기계학습)

인공지능의 두 번째 단계로 '머신러닝Machine Learning, 기계학습'이 있다. 머신러닝은 인간의 학습 능력을 컴퓨터로 실현하는 기술 및 기법이다. 학습은 본래 지능을 가진 동물, 특히 인간만이 가능한 영역이었다. 이제 무생물인 기계Machine가 학습을 한다. 머신러닝은 데이터를 기반으로 학습을 하고, 예측을 하고, 스스로 성능을 향상시킨다. 인간처럼 학습하여 성장한다는 측면에서 진정한 인공지능은 머신러닝에서 출발한다.

머신러닝은 크게 3가지 유형으로 분류할 수 있다. 첫째, 지도학습Supervised Learning은 정답이 있는 데이터를 학습시키는 방법이다. 마치 엄마가 어린아이에게 공부시키는 것처럼 개, 고양이, 자동차 등을 보여주면서 '이것은 개', '이것은 고양이' 라고 정답을 가르쳐준다. 어린아이는 반복된 학습을 통해 점차 개, 고양이, 자동차 등을 구분할 수 있게 된다. 인공지능 컴퓨터 알파고는 기보棋譜 16만 건으로 지도학습을 했다. 16만 건의 기보라면 인간이 학습하기에는 너무 많은 분량이지만 인공지능 컴퓨터 입장에서는 그다지 많다고 할 수 없다. 지도학습은 통계적인 확률론을 사용한다. 인공지능 컴퓨터라 해도 세상의 모든 데이터를 학습하는 것은 불가능하기 때문에 샘플데이터로 학습을 하고, 이것을 근거로 확률론적 정답을 도출해 낸다.

두 번째, 비非 지도학습Unsupervised Learning은 정답이 없는 입력 데이터로부터 스스로 숨겨진 패턴과 규칙을 찾아내는 방법이다. 영상, 이미지, 문자 등 대량의 데이터를 입력하고 목적을 부여하면, 이들 데이터로부터 특징을 찾아서 추론모델을 생성하고, 추론모델을 적용한 추론엔진으로부터 정답을 추출해 낸다. 예를 들어 다양한 동물들의 사진을 입력하면 비슷한 특징이 있는 동물들의 집합으로 추론모델을 만든다. 그리고 미지의 데이터_{고양이 사진}를 보여주면 추론엔진을 적용하여 '이것은 고양이'라고 추정한다. 비 지도학습은 인공지능이 스스로 패턴을 찾아가는 방법을 사용하므로 '자율학습'이라고도 한다.

지도학습, 비非 지도학습은 모두 빅데이터가 필요하다. 빅데이터가 필요한 예로 동전 던지기를 보자. 한 번 동전을 던지면 앞면 혹은 뒷면이 나온다. 10번을 던졌을 때 10번 모두 앞면 혹은 뒷면일 수 있다. 하지만 무한히 반복하면 앞면, 뒷면은 각각 50% 확률이 된다. 따라서 지도학습, 비 지도학습에서는 데이터가 많으면 많을수록 정확도가 높아진다.

세 번째, 강화 학습Reinforcement Learning은 입출력하는 데이터 없이 능동적으로 변화하는 환경과 상호작용하면서 최적의 값을 찾아가는 방법이다. 인공지능이 스스로 판단해서 성공, 실패에 대한 보상 값을 조절해 주기 때문에 학습의 빈도가 많아질수록 성공 확률이 높아지게 되는 학습방법이다. 알파고의 경우 인터넷에서 둔 바둑 기보棋譜 16만 건으로 지도학습을 하고, 다시 알파고 1과 알파고 2로 나눠 대국을 벌이는 강화학습 방법으로 하루 3만 번 바둑을 두었다고 한다. 가상의 대국을 통해 기보에 없는 수를 두면 어떤 결과가 나오는지 학습하여 성장했다. 강화학습은 시간이 많이 걸리지만, 알파고의 사례에서 보는 것처럼 지도학습을 병행하면 학습능력을 현저하게 향상시킬 수 있다.

[4] 딥러닝(Deep Learning, 심층학습)

딥러닝은 머신러닝에 사용되는 알고리즘의 하나인 인공신경망Artificial Neural Network을 이용하여 데이터를 군집화하거나 분류하는 데 사용한다. 인공신경망은 인간의 '뇌'구조를 모방하여 활용한 것으로 인간의 '뇌'가 정보를 처리하는 방식을 컴퓨터 정보처리 방식에 적용한 것이다.

2006년 캐나다 토론토대학의 컴퓨터 과학자인 제프리 힌튼Geoffery Hinton교수가 심층신경망Deep Neural Network을 이용한 딥러닝Deep Learning기술을 개발하였다. 심층신경망은 인간의 두뇌처럼 입력층과 출력층 사이에 숨겨진 층이 2개 이상인 다층으로 구성되어 있다. 입력층에 데이터를 입력하면 숨겨진 층을 거치면서 자동으로 특징을 찾게 되는데 숨겨진 층의 단계가 많을수록 신경망의 성능이 좋아지게 된다. 제프리 힌튼 교수가 고안한 인공신경망의 각 층들은 먼저 비 지도학습으로 데이터의 사전 훈련 과정을 거친다. 입력된 데이터들을 분류하여 유사한 특징으로 분류하는데 그 과정에서 특이한 데이터들은 과감하게 삭제하여 학습량과 시간을 절약한다. 또한 이러한 특징을 찾아내는 알고리즘까지도 사람이 만들어 주는 것이 아니라 딥러닝 알고리즘 안에 포함시켜 스스로 학습하도록 했다.

딥러닝의 원래 목적은 명확한 기준이 없는 사물을 분류하는 것이었다. 인간은 직관적으로 사물을 분류할 수 있지만, 컴퓨터는 사람이 기준을 알려주어야만 사물을 구분할 수 있다. 사람이 개와 고양이의 사진을 보고 식별하는 것은 어려운 일이 아니지만 컴퓨터로서는 엄청난 문제이다. 개와 고양이를 분류하는 기준을 프로그래머가 일일이 컴퓨터에게 알려줄 수 없기 때문이다.

페이스북은 딥러닝 기법을 적용한 딥페이스Deep Face

알고리즘을 개발했다. 페이스북을 이용하는 전 세계 이용자들의 얼굴을 인식하여 사진 이미지가 올라오면 어떤 이용자인지 판별하고 같은 사람을 연결해 준다. 정확도가 97.25%로 인간의 눈으로 식별하는 수준인 97.53%와 비슷하다. 이를 이용하여 페이스북 사용자들이 사진을 올리면 자동으로 식별하여 태그Tag를 붙인다.

구글의 인공지능 화가畫家 플랫폼인 딥드림Deep Dream은 특정 이미지를 입력하면 그 이미지를 재해석하여 추상화로 그려낸다. 누구라도 딥드림 홈페이지에 접속하여 자신의 얼굴이 나온 사진 등을 업로드 하여 딥드림이 재해석한 결과물을 얻을 수 있다. 이제 딥러닝은 인공지능분야의 핵심적인 기술로 정착되었다.

인공지능의 발자취, 그것이 궁금하다!
| 인공지능의 역사

인공지능Artificial Intelligence, AI이라는 말은 1955년 미국의 컴퓨터 과학자 존 매카시John McCarthy가 발표한 '지능이 있는 기계를 만들기 위한 과학과 공학'이라는 논문에 처음 등장했다. 또 영국의 수학자 앨런 튜링Alan Turing은 컴퓨터와 인간이 대화를 나누었을 때 대화를 나눈 상대가 컴퓨터인지, 사람인지 구별할 수 없다면 이때는 컴퓨터도 생각할 수 있는 것으로 판단해야 한다고 주장했다.

1970~1980년대에는 전문가시스템Expert System이 나온다. 사람이 가지고 있는 특정 분야의 전문 지식과 경험, 노하

우 등을 컴퓨터에 지식 베이스Knowledge Base로 축적하여 전문가가 아닌 사람도 이를 활용하여 전문가와 유사한 능력을 발휘할 수 있도록 만들어 놓은 시스템이다. 데이터베이스Data-Base. DB가 있고 컴퓨터가 전문가처럼 판단이나 추론推論을 해서 인간에게 정보를 제공한다. 적용사례로는 고장진단 시스템, 의료진단 시스템, 지질조사 시스템, 설계 시스템 등이 있다. 전문가시스템은 오늘날에도 매우 유용하게 활용되고 있는 인공지능의 응용분야이다.

1990년대 후반 인터넷의 발전과 함께 이전과는 비교할 수 없는 방대한 데이터를 수집할 수 있게 되면서 인공지능이 진화하게 된다. 빅데이터를 기반으로 스스로 학습할 수 있는 머신러닝Machine Learning, 기계학습으로 발전하게 된다.

2000년대 이르러 인간의 '뇌'를 모방한 신경망Neural Network 구조로 이루어진 딥러닝Deep Learning이 머신러닝의 한계를 뛰어넘는 성과를 만들어 내기 시작했다. 2016년 구글 딥마인드Google DeepMind의 '알파고AlphaGo'가 이세돌 9단과의 대결에서 4승1패로 승리하면서 인공지능의 위력을 전 세계에 알렸다.

인공지능 개발의 역사

1989년 : IBM사가 만든 체스 전용 컴퓨터 '딥 소트(Deep Thought)' 와 체스 세계 챔피언의 대결은 단판승부로 인간이 승리.

1997년 : IBM사의 슈퍼컴퓨터 '딥 블루(Deep Blue)'와 체스 세계 챔피언의 대결에서 2승 1패 3무로 딥 블루가 승리. 딥 블루는 병렬 컴퓨팅 방식으로 설계된 512개의 프로세서를 내장하고 있으며, 1초 동안 1조 번의 명령을 수행할 수 있다.

2002년 : 카네기 멜론이 예절바른 행동이 가능한 사회성 로봇 '그레이스(GRACE)' 개발.

2011년 : IBM 슈퍼컴퓨터 '왓슨(Watson)'이 미국의 유명한 TV 퀴즈쇼 '제퍼디(Jeopardy)'에서 우승. '왓슨' 안에는 인간의 사고를 모방하여 퀴즈쇼에서 경쟁을 펼칠 수 있도록 백과사전 등 수백만 장의 자료가 저장되어 있었는데, 왓슨은 문제의 단서를 읽은 후 3초 이내에 2억 페이지에 달하는 데이터베이스를 검색하여 답을 말할 수 있었다.

2014년 : 일본 소프트뱅크가 개발한 감정을 인식하는 휴머노이드 로봇 '페퍼(Pepper)' 출시. 페퍼의 인공지능은 IBM의 '왓슨' 기반으로 제작되었으며, 2014년 일본 네스카페 매장 70여 곳에 직원으로 배치되어 고객응대 서비스를 시작했다.

2014년 : '유진 구스트만(Eugene Goostman)'이라는 슈퍼컴
퓨터가 인공지능 판별 테스트인 '튜링 테스트(Turing
Test)'를 사상 처음으로 통과. 자신을 '우크라이나에 사
는 13세 소년'으로 소개한 '유진 구스트만'은 심사위원
들과 5분간 대화를 했고, 그 결과 심사단의 33%는 유진
이 컴퓨터가 아닌 진짜 인간이라고 판단했다. 1950년
앨런 튜링이 제시한 판별 테스트에서 64년 만에 30%의
벽을 최초로 뛰어넘은 사례다.

2017년 : 사우디아라비아 정부가 리야드에서 열린 국제투자회의
'미래 투자 이니셔티브(Future Investment Initiative,
FII)'에서 인공지능 로봇 소피아에게 세계 최초로 시민
권을 부여했다.

module 05

제조의 본질은 불변,
가성비 높여주는 인공지능
▎제조의 본질과 인공지능

기업은 고객이 기대하는 제품을 필요할 때, 필요한 만큼, 저렴하고 품질 좋게 제조하여 고객이 원하는 시점에 제공해줄 수 있어야 한다. 그런데 품질을 높이려면 원가가 올라가고, 원가를 낮추면 품질이 떨어진다. 하지만 고객은 낮은 가격, 높은 품질을 원한다. 이렇게 상충하는 가격과 품질이라는 두 가지를 모두 만족시키는 제조기법이 있다면, 그것이 바로 스마트공장이다.

제조에서 물건을 만들기 위해서는 기본적으로 사

람Man과 설비Machine를 배치하고, 공법Method을 적용한 후 재료Material와 에너지Energy를 투입한다. 4MMan, Machine, Material, Method은 제조의 본질이라 할 수 있으며, 스마트공장에서도 변함없는 핵심 관리요소이다. 스마트공장에 필요한 4M에 대해 알아보자.

[1] 사람(Man)

제조 현장에는 사람Man이 있다. 사람은 하루 8시간 물건 만들기에 필요한 일을 한다. 사람은 8시간 동안 가치 있는 일만 하고 있을까? 그렇지 않다. 사람은 근무시간 동안 3가지 유형의 일을 한다.

첫째, 부가가치 작업VA, Value adding Activity이다. 제조 프로세스에 재료가 투입되면 4가지 과정변질. 변형. 분해. 조립을 거쳐 제품이 만들어지는데, 바로 이 4가지 과정을 거칠 때마다 부가가치가 올라간다. 예를 들어 공장에서 믹스커피를 만드는 공정을 생각해 보자. 원재료를 구입하여 원두를 볶으면 변질→가치가 올라간다이 되고, 그라인딩Grinding하면 변형 · 분해→가치가 올라간다가 되고, 설탕과 혼합하여 포장 · 조립→가치가 올라간다하는 과정을 거친다. 그러므로 제조 기업이 돈을 버는 것은 바로 이 4가지 부가가치 작업이 있기 때문이다. 일반적으로 제조현장에서 사람이 하는 일 중에 부가가치 작업은 전체 작업의 약 15% 정도밖에 되지 않는다.

둘째, 부수附隨 작업이다. 부수 작업은 부가가치를 지원하는 작업으로 기업은 이 과정에서도 돈을 쓰게 된다. 믹스커피를 제조하려면 원두 구입, 입고검사, 창고 보관, 생산계획 수립, 운반, 투입, 배송 등 많은 부수 작업이 필요하다. 이 과정에 사람이 필요하고인건비, 원두가격도 지불재료비하고, 설비를 사용감가상각비하고, 창고 임대료경비도 지불한다. 하지만 이 모든 과정을 거쳐도 원두의 가치는 그대로이다. 부가가치가 하나도 올라가지 않았다. 부수 작업은 필요하지만 부가가치가 없으므로 가능하면 사람이 하지 말고 시스템에게 맡기는 것이 현명하다. 일반적으로 제조현장의 부수 작업은 전체 작업의 약 40% 정도이다.

셋째, 낭비浪費 작업이다. 낭비 작업은 제품의 가치와 관계가 없는 비非 부가가치 작업NVA, Non Value adding Activity으로 제품의 원가만을 상승시킨다. 제조의 가장 큰 낭비는 지나치게 많은 생산 능력인력, 설비을 갖고 있는 것이다. 과도한 생산능력은 재고在庫를 만들게 되고, 재고는 불필요한 공간을 차지하고, 관리 인력을 투입하게 하는 등 연쇄적인 낭비를 유발한다. 낭비는 모두 제거해야 할 대상이지만 눈에 잘 띄지 않기 때문에 제거하기 어렵다. 사람이 움직이고 있으면 일을 하고 있다고 생각하기 쉬운데, 물건을 찾는다거나 재고관리를 하고 있다면 이것은 불필요한 낭비이다. 일반적으로 제조현장의 낭비 작업은 전체 작업의 약 45% 정도이다.

전체 작업의 15%만이 부가가치 작업이라면 사람 작업의 85%는 개선의 여지가 있다는 말이다. 스마트공장에는 부가가치 작업에 집중하는 스마트한 사람이 있다. 하지만 사람의 근본은 바꿀 수 없으니 시스템의 지원이 필수적이다.

필자는 2019년 4월, 레이저Laser설비 분야의 선도先導 기업이며, 독일의 대표적인 스마트공장이라고 평가받고 있는 트럼프TRUMPF라는 회사를 방문한 경험이 있다. 이 회사에서 엔지니어들의 업무를 분석해 보니 정보를 찾고, 분석하는 데 80%의 시간을 사용하고 있었다. 트럼프는 낭비를 제거하고, 생산성을 높이기 위해 스마트공장을 추진하게 되었다. 우선 블랙박스Black Box처럼 눈에 보이지 않는 프로세스들을 연결하여 시스템으로 가시화하였다. 모든 데이터는 AXOOM이라는 클라우드 Cloud에 빅데이터로 축적하고, 인공지능 알고리즘을 적용하여 탐색과 분석을 수행한다. 이제 트럼프사社의 엔지니어들은 전문성이 필요한 영역에서 대부분의 시간을 사용하고 있다.

[2] 설비(Machine)

제조를 위해서는 설비Machine가 필수적이다. 설비는 매일 24시간 제품을 만들어 낼 능력이 있지만 고장으로 정지하기도 하고, 사람이 지시조작하지 않으면 작동하지 않는다. 또 제조는 하고 있지만 사실은 불량품을 만들고 있을 때도 설비는 아무런 말도 하지 않는다. 스마트하지 않다. 설비는 불량을 만들고 있을 때도 감가상각비, 이자비, 재료비, 에너지비, 인건비 등 모든 비용을 사용한다. 원가가 올라갈 수밖에 없다.

사람이 경험을 쌓으면 숙련자가 되는 것처럼, 설비도 제조경력이 쌓이면 점점 똑똑해지는 지능형 설비가 되어야 한다. 머신러닝 기능을 장착한 설비는 제조경력이 쌓인다. 지능형 설비는 돌발고장이 발생하지 않으며, 불량품도 만들지 않는다. 빅데이터는 과거→현재→미래의 경향분석Trend Analysis으로 예지보전Predictive Maintenance이 필요한 시점을 알려준다. 예지보전의 정밀분석 결과는 문제 발생의 원인과 조치방법까지 알려주기 때문에 경력이 짧은 사람도 숙련자처럼 빠르고 정확한 조치를 할 수 있다. 스마트공장의 설비는 관련 시스템과 실시간으로 소통하면서 24시간 최소의 비용으로 양품良品만을 적기에 제조한다. 사람이 없을 때도 스마트한 설비는 일을 한다.

[3] 재료(Material)

제조의 투입Input은 재료Material이다. 불량한 재료가 투입되면 불량한 제품이 제조될 가능성이 높다. 따라서 재료의 입고품질은 매우 중요하다. 더구나 투입되는 재료는 일반적으로 품질의 편차가 있을 수밖에 없다. 예를 들어 재료가 농수산물인 경우에는 산지産地의 차이, 기후의 변화 등 인간이 통제할 수 없는 요인으로 품질변동이 있기 마련이다. 그러므로 재료의 상태를 정확하게 파악하여 불량 재료는 투입되지 않도록 하고, 재료의 상태에 최적화된 공정 조건으로 제품을 만들어야 한다.

제조의 또 다른 투입Input으로 에너지가 있다. 우리 제조 현장은 너무 많은 에너지를 사용하고 있으며, 원가상승의 요인이 된다. 2016년 국회입법조사처 자료에 따르면 한국의 에너지 전환 손실률은 36%로 OECDOrganization for Economic Cooperation and Development. 경제협력개발기구 34개국 가운데 25위이다. 에너지 100을 투입했을 때 64는 사용되고, 36은 버려진다는 의미다. 에너지가 줄줄 새고 있는데 도대체 어디서 어떻게 새고 있는지 알 수가 없다. 에너지 소비의 가시화 즉, 어디서 얼마나 많은 에너지가 사용되고 있는지만 알 수 있어도 현재보다 약 10% 정도 절감할 수 있다. 스마트공장은 에너지효율이 높은 공장이다.

[4] 공법(Method)

제품을 만드는 공법Method은 기업의 핵심 기술이라 할 수 있다. 제조현장에서 제품을 만들 때의 공정 조건을 레시피Recipe라 하는데 이것이 제품의 품질을 좌우한다. 최적의 공법Method으로 변동이 없는 제품출력을 만들 수 있어야 스마트공장이라 할 수 있다.

그림 <공법적용 프로세스>에서 프로세스-1에 재료가 투입되어 반제품-1이 만들어 진다. 반제품-1의 품질은 프로세스-1의 설비·공정 상태에 따라 결정된다. 예를 들어 오븐Oven 에서 치킨요리를 할 때 온도와 시간을 어떻게 관리했는지에 따라서 치킨의 맛이 달라진다. 제조는 일반적으로 다수의 프로세스가 연결되어 있다.

그림에서 프로세스-2의 재료는 반제품-1이 되고 프로세스-2를 거쳐 반제품-2가 만들어진다. 각각의 프로세스는 다음 프로세스로 이동하기 전에 불량이 자동으로 선별이 되고, 양품良品의 재료만이 다음 공정으로 투입되어야 한다. 따라서 투입되는 재료의 상태는 인라인In-Line으로 전수全數검사가 이루어져야 하며, 검사결과에 따라 최적의 설비, 공정 조건을 자동으로 설정할 수 있어야 한다. 최적의 공법을 적용하기 위해서는 재료, 설비, 공정 변수에 대한 통계적인 상관관계를 규명한 알고리즘이 필요하다. 빅데이터가 축적되고 지도학습, 강화학습으

〈 공법적용 프로세스 〉

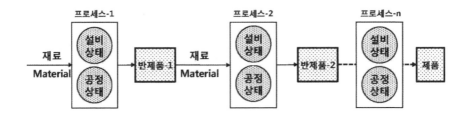

로 설비, 공정 조건을 최적으로 자동 조절할 수 있다면 스마트 공장이라 할 수 있다.

일반적인 품질검사는 제품이 만들어진 다음에 실시한다. 불량이 발견되면 폐기를 하게 되고, 발견하지 못하면 고객으로부터 클레임을 당하게 되는 것이다. 그런데 불량의 근원을 추적해 보면 공법에 해당하는 공정 조건이 변동하면서 발생하는 경우가 많다. 따라서 공정조건이 변동되지 않도록 제어할 수만 있다면 불량을 만들지 않게 된다.

불량으로 인한 로스Loss를 제로Zero화 하려면 품질관리를 사후로 하는 것이 아니라 원류인 공정조건을 최적으로 제어해야 한다. 문제가 발생되고 나서 대책을 세우는 것이 아니라 발생되지 않도록 하는 시스템을 구축해야 한다. 공법Method의 적용결과를 확인하는 것이 아니라 공법이 적용되는 과정을 추적Tracing하여 목표Target에서 벗어나지 않도록 하는 선행관리 방법이 필요하다. 스마트공장은 바람직하지 못한 결과를 확인하고 나서 뒷북을 치는 것이 아니라, 문제가 발생하지 않도록 예측하고 제어한다. 스마트공장의 인공지능 알고리즘은 실시간으로 공법을 최적으로 관리한다.

왜, 인공지능을 필요로 하는가?
┃ 인공지능을 촉진하는 이슈

인간은 지구상의 생명체 중에 가장 높은 지능을 갖고 있으며 '만물의 영장'으로 군림君臨할 수 있게 되었다. 육체적인 힘으로는 코끼리, 사자와 같은 동물과 겨루기에 부족하지만 인간은 지능을 활용하여 총·칼과 같은 도구를 개발하여 상대를 제압할 수 있게 되었다. 인간은 자신의 부족한 능력을 증강增強할 수 있는 수단과 방법을 지속적으로 찾아낸다.

인간은 적은 입력·투입Input으로 더 많은 출력·산출 Output을 얻고자 한다. 기업에서는 이러한 노력을 '혁신'이라 하고, 산업에서는 '혁명'이라고 했다. 1차에서 4차 산업혁명을 거치는 동안 생산량은 비약적으로 향상되었다. 인간의 육체적인 노동은 기계설비로 대체되었으며, 시간이 많이 걸리던 연산 작업 등은 컴퓨터가 그 역할을 대신하고 있다. 혁신과 혁명의 결과로 근로시간은 줄어들었고, 위험한 작업에서 탈피할 수 있게 되었으며, 생활수준이 향상되었을 뿐만 아니라 기대수명도 늘어났다. 하지만 인간의 욕구는 여기서 멈추지 않는다.

소비시장에서 물건이 부족할 때는 생산자가 가격을 주도할 수 있었다. 이때는 제품의 성능이 다소 부족해도 높은 가격에 판매하여 이윤을 확보할 수 있었다. 지금은 물건이 넘치고도 남는 시대이니, 소비자가 시장을 주도하는 시대가 되었다. 기업에서는 가성비 높은 제품을 공급하는 것이 점점 더 중요해지고 있다. 만에 하나, 아니 백만 번에 한 번이라도 불량을 만들면 안 된다. 실수가 용납되지 않는 시대이다. 기업경영에서 인공지능의 도입을 촉진하는 이슈들에 대해 알아보자.

[1] 생산가능 인구 절벽의 시대

오늘날 주요 선진국들은 고령화로 인해 생산가능 인구15세~64세가 급격하게 감소하고 있다. 특히 한국은 2017년에

65세 이상 인구가 총인구에서 차지하는 비율이 14% 이상인 '고령 사회'에 진입해 있으며, 2026년에는 전체 인구의 20%가 65세 이상인 '초고령 사회'로 진입할 것으로 관측되고 있다. 또 한국은 현재 세계에서 가장 낮은 출산율을 기록하고 있다. 통계청 발표에 따르면 2018년 한국의 합계출산율은 0.98명으로 사상 처음으로 1명 밑으로 떨어졌다고 발표했다. 합계출산율은 가임 여성15~49세 1명이 평생 동안 낳을 것으로 예상되는 평균 출생아 수를 말한다. 2019년 3분기에는 합계출산율이 0.88명까지 떨어졌다. 인구를 유지하는 데 필요한 합계출산율 2.1명의 절반에도 미치지 못하는 수준이다.

한국의 베이비부머1955~1963년생들은 은퇴를 하고, 합계출산율은 떨어지고 있어 '생산가능 인구 절벽의 시대'를 예고하고 있다. 현재의 추세라면 2020년부터 2034년까지 연평균 88만 명이 일터를 떠나 15년 동안 약 1400만 명이 퇴장할 것으로 예상이 된다. 여기에 연평균 40만 명 미만의 인구가 태어나고 있으니 생산가능 인구가 줄어드는 속도는 심각하다. 생산가능 인구도 부족하고, 고령 직원의 참여도 필요하기 때문에 인공지능의 역할이 점점 중요해지고 있다. 이제 더 적은 역량力量으로 더 많은 제품을 생산할 수 있는 체계를 갖추지 않으면 안 된다.

[2] 휴먼에러 방지대책의 필요성

지금 제조 기업의 가장 큰 관심사항은 품질과 안전문제이다. 그런데 품질과 안전문제를 발생시킨 근본 원인을 조사해 보면 70% 이상이 휴먼에러Human Error, 사람의 실수와 관련이 있다. 사람은 최선을 다하려고 하지만, 사람이기 때문에 실수를 한다.

제조현장에서 사람이 조작, 조정, 교체, 클리닝, 점검, 샘플링, 수리 등 작업을 하고 있는 상황을 생각해 보자. 사람은 가끔 해야 할 일을 잊어버린다. 작업을 시작했는데 시점이 맞지 않는다. 작업 방법이 틀렸다. 해야 할 일과는 다른 일을 하고 있다. 심지어 하지 않아도 되는 일을 한다. 계산이나 측정방법에서 오류가 발생하기도 한다. 이처럼 사람이 개입하는 제조과정에는 휴먼에러 요소가 너무나 많다.

사람은 인지단계에서 외부로부터의 정보를 입수하면, 두뇌 속에 저장되어 있는 기억을 바탕으로 판단·결정한 후 행동으로 옮긴다. 일상생활에서의 인지→판단·결정→행동 단계는 순식간에 일어나는 경우가 많다. 휴먼에러 발생 모델을 참조하여 단계별 상황과 대응방안을 검토해 보자.

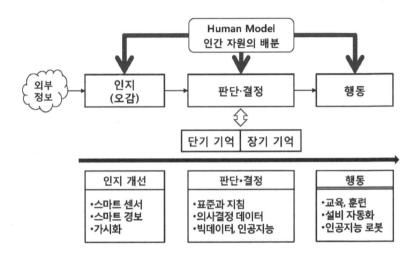

〈 휴먼에러 발생 모델 〉

사람은 '인지認知' 단계에서 시각, 청각, 후각, 미각, 촉각의 다섯 가지 감각, 즉 오감五感을 사용한다. 사람이 인지 실수를 하는 것은 '정보 부족'에 기인하는 경우가 많다. 제조에서는 인지개선을 위해 스마트한 센서, 스마트한 경보 혹은 가시화 수단을 제공한다. 스마트 센서는 사람으로 하여금 알아서 인지하라 하지 않는다. 지금 온도가 너무 높아지고 있으니 조치해야 한다든지, 진동이 한계치를 넘어가고 있어 윤활이 필요하다고 판단 정보를 제공한다. 사람이 인지 실수를 했을 때, 사람을 나무라는 것이 아니라 올바르게 인지할 수 있는 시스템을 구축해야 한다.

사람은 '판단·결정' 단계에서 총체적 '메모리'를 활용한다. 총체적 메모리라고 표현한 것은 머리로 하는 기억 외에 몸이 기억하는 감각이 있기 때문이다. 인간은 육감이라는 것이 있다. 왠지 느낌이 좋다, 나쁘다와 같은 것이다. 간혹 이런 감각이 정확한 경우도 있다. 하지만 사람의 기억은 100% 신뢰할 수 없다. 인간의 기억은 단기와 장기로 구성되어 있으며, 이것이 판단·결정의 근거가 된다. 그런데 단기 기억은 휘발성이 있어서 쉽게 사라져 버리고, 장기 기억은 오류가 많다.

일상생활에서는 기억에 오류가 있다고 해도 큰 문제가 없을 수 있다. 하지만 제조 과정에서 잘못된 기억으로 문제가 발생한다면 이것은 심각한 결과를 초래할 수 있다. 기업에서는 사람의 기억에 의존하지 말고, 컴퓨터에 기록된 데이터를 믿어야 한다. 기업 경영에 필요한 정보는 컴퓨터에 저장해 두었다가 그것이 필요한 순간에 인출할 수 있으면 된다.

GE가 개발한 '마인드+머신Minds+Machine 2016 - 디지털 트윈Digital Twin'은 산업용 인공지능 챗봇Chat Bot이다. 엔지니어가 음성으로 물어보면 디지털 트윈은 현재의 공정, 설비의 상태를 알려준다. 또, 데이터 분석 결과로 문제의 원인과 조치 방법에 대한 가이드라인Guide Line도 제공할 수 있다. 현장의 엔지니어는 정보를 확인한 다음 조치에 대한 의사결정을 하면 된다.

사람은 '행동' 단계에서 동작실수를 할 수 있다. 사람이 올바르게 인지·판단·결정을 했음에도 불구하고, 경험이나 능력이 부족한 경우에는 행동실수를 유발할 수 있다. '마음은 굴뚝같지만 몸이 따라 주지 않는다.'는 말이 있다. 젊어서는 민첩했던 동작이 나이가 들면 점점 그 기능이 쇠락하는 것도 당연하다. 더구나 이 일을 하고 싶지 않은 상황이라면, 몸도 마음도 태만해질 수밖에 없다.

사람은 완벽하지 않으며 일관성도 없다. 어제까지는 믿음직했던 사람이 오늘은 심신이 미약한 상태로 어처구니없는 실수를 유발하기도 한다. 특히 인지·판단·결정 단계의 오류는 수정할 기회가 있지만 행동단계의 실수는 수정할 기회도 없다. '엎어지니 코가 깨졌다'는 말이 있다. 엎어지기 전에 피하지 않으면, 코는 반드시 깨지고 만다. 심각한 휴먼에러의 가능성이 있는 행동은 시스템과 로봇에게 맡기는 것이 현명하다. 오늘날 인공 지능 로봇은 인간처럼 학습하고, 기억하고, 판단하고, 행동할 수 있다.

[3] 기술·기능 축적의 필요성

기업의 경쟁력은 '기술 경쟁력'이라고 할 수 있다. 기술은 설비 속에 있고, 사람 속에 있다. 좋은 설비는 좋은 제품을 만든다. 설비는 돈을 주면 살 수 있다. 비싼 가격을 지불하더라도 설비를 구입하면 필요한 기술을 확보할 수 있다. 반면 사람이 갖고 있는 기술은 머릿속에 있거나 근육 속에 체득體得된 기능으로 존재한다. 기업의 구성원인 사람이 성장하면 기술도 성장한다. 오랜 시간 업무를 통해 축적된 기술은 기업의 제조경쟁력을 구성하는 요소가 된다. 그런데 이 사람들이 떠나면 기술도 함께 떠나버린다. 그러므로 구성원들이 갖고 있는 기술을 기업 내부의 자산으로 축적할 필요가 있다.

기업은 직원들의 업무를 표준화하는 방법으로 기술을 축적해 오고 있다. 그러면 기업은 표준화를 통해 기술을 제대로 축적하고 있을까? 그렇지 않다. 표현이 용이해서 글로 기술할 수 있는 형식지形式知는 어느 정도 축적이 되어 있지만, 표현할 수 없어서 글로 적기 힘든 암묵지暗默知는 어쩔 수 없이 구성원들의 머릿속에 혹은 몸속에 축적되어 있는 상태이다. '암묵지'는 헝가리의 철학자이자 사회학자인 마이클 폴라니Michael

Polanyi에 의해 1966년에 제시된 개념이다. 사람이 갖고 있는 암묵지는 '감感'과 '요령'의 형태로 존재하기 때문에 축적하기 어렵다.

사람이 갖고 있는 '감'은 시각, 청각, 후각, 미각, 촉각이라고 하는 오감五感에 해당한다. 이 외에도 위치감각, 운동감각, 평형감각 등이 있다. 사람이 갖고 있는 '요령'은 주로 방법과 절차에 해당한다. 운동선수들을 보면 자신의 몸과 도구를 다루는 요령이 탁월하다. 힘을 언제 어떻게 사용해야 하는지, 어떤 순서로 동작을 해야 효과적인지 머릿속으로 이해하고 있을 뿐만 아니라 몸으로 체득하고 있다. 직업의 세계에서도 마찬가지이다. 사람이 한 가지 일을 오랫동안 하게 되면 그 업무와 관련된 능력이 발달하게 된다. 이렇게 숙달된 전문가들을 우리는 베테랑 또는 숙련자라고 부른다.

종래의 표준은 문자, 도면圖面과 같은 문서의 형태로 활용되는 것이 일반적이었다. 이제 저장매체와 통신기술의 발전으로 이미지, 동영상, 가상·증강현실 등도 활용할 수 있다. 글로 표현할 수 없는 것은 사진 또는 영상으로 기술을 축적할 수 있다. 축적된 기술을 필요한 때 필요한 장소에 제공하면 된다. 신규로 업무를 맡게 된 직원을 교육·훈련할 때도 활용한다. 스마트폰,

태블릿PC 혹은 AR·VR 장비 등을 사용하면 더욱 효과적이다. 사람이 갖고 있는 기술을 빅데이터로 축적하고 인공지능 비서에게 물어보고, 찾아보고, 기술이 필요한 현장에 적용할 수 있는 체계를 갖추어야 한다.

합리적인 자동화를 추구하는 스마트공장
| 스마트공장의 자동화

공장에서는 물건을 만들고 이 물건들은 인간생활을 풍요롭게 하는 데 기여한다. 기업은 좋은 물건을 저렴하게 만들기 위해 꾸준히 공장자동화를 추진해 왔다. 자동화 측면에서 한국은 강점을 갖고 있으며, 이미 세계적인 수준이라고 평가받고 있다. 지금 제조 기업에 자동화를 넘어 인공지능을 장착한 스마트공장의 필요성이 거론되고 있다. 그러면 일반적인 자동화와 스마트공장의 자동화가 어떻게 다른지 그 차이점을 알아보도록 하자.

자동화는 현실적이다. 원가를 줄이고 품질을 개선하기 위해 사람의 노동력을 설비나 로봇으로 대체한다. 사람의 지적 능력은 PLCProgrammable Logic Controller. 자동제어장비, 컴퓨터 등을 활용하여 제어한다. 자동화는 현재의 생산성 및 자원효율성을 높이는데 관심이 있으므로 데이터의 활용률이 떨어진다.

스마트공장은 자동화의 연장선에 있지만 미래지향적이다. 인공지능을 장착한 스마트공장은 현시점뿐만 아니라 미래 상황을 예측하고 대응할 수 있도록 발전된 모델이라고 할 수 있다. 스마트공장은 빅데이터를 축적하고, 머신러닝으로 학습한다. 데이터를 기반으로 설비 및 공정의 상태를 예측하고 실시간으로 최적화한다. 스마트공장에서는 설비상태에 따른 예지보전, 품질 및 공정 최적화, 유연하고 가변적인 생산 체계 등이 중요하다. 스마트공장에서는 데이터를 유기적으로 활용한다.

설비자동화가 항상 최선은 아니다. 전기차를 제조하는 테슬라의 사례를 보자. 테슬라는 모델3 공장을 완전 무인화·자동화하겠다며 첨단 로봇을 과감하게 배치했다. 그런데 모델3 생산라인에 설치된 수백 대의 로봇군단은 툭하면 말썽이었다. 시스템 오류가 발생하여 공장 전체가 멈춰버리곤 했다. 더구나 로봇은 너무 비싸다. 인건비는 줄였지만 로봇에 드는 초기 투자 비용이 지나치게 높은 데다 유지비용도 만만치 않았다. 테슬라의 CEO인 머스크는 2018년 4월 13일 방송된 CBS와의 인터뷰에서 "우리는 미치도록 복잡한 네트워크를 컨베이어벨트에 깔았지만 작동하지 않았다. 우리는 그것들을 모두 제거할 것"이라고 말했다. 또 "테슬라의 과도한 자동화는 실수였다. 정확하게 말하자면 경영자로서 판단한 나의 실수다. 인간을 과소평가했다."라고 고백했다.

사람은 잘 잊어버리고 실수하기 때문에 불안하지만 유연하게 대처할 수 있는 능력이 있다. 설비가 고장이 나면 사람은 어떤 형태로든 응급조치를 취하려 하는데 로봇은 지침이 없으면 작동하지 않는다. 그러므로 스마트공장에서는 완전 자동화보다는 사람이 함께하는 지혜로운 자동화를 추구하는 것이 유리하다. 설비는 완벽할 수 없으며 고장이 발생하거나 에러Error가 생긴다. 사람의 역할이 필요하다.

스마트공장을 위한 합리적인 설비자동화는 첫째, 제조경쟁력을 향상시킬 목적으로 추진한다. 둘째, 사람이 하고 싶지 않은 비인간적인 작업을 대체한다. 더럽고Dirty, 힘들고Difficult,

위험한Dangerous 3D 작업은 자동화가 필수적이다. 셋째, 고객만족을 위해 자동화한다. 고객만족을 위해 필요한 분야가 있다면 자동화를 검토해야 한다. 오늘날의 제조는 소비자의 감성까지도 만족해야 하는 시대이다.

스마트공장을 위한 업무의 자동화는 제품의 생산과정에 간접적으로 관여하는 사무분야에 해당한다. 사무 업무에 컴퓨터 소프트웨어를 사용하게 되면서 사무 생산성이 향상된 것은 사실이지만 사무의 영원한 숙제는 역시 '사람'이다. 사람이 무엇을 어떻게 하고 있는지에 대해서는 아무래도 '블랙박스Black Box'로 남아 있는 영역이 많다. 업무는 전문화, 개인화되어 있어 가시화가 어려운 분야이다. 하지만 사무가 시간·돈을 쓰고, 업무의 흐름을 만들고, 결과적으로 기업에서 제공하는 제품과 서비스의 품질을 결정한다.

최근 사무업무를 자동으로 수행하는 RPARobotic Process Automation. 로보틱스 프로세스 자동화를 도입하는 기업이 많아지고 있다. RPA는 사람이 컴퓨터에서 하는 단순한 반복 업무를 자동으로 수행하는 소프트웨어이다. 데이터 입출력 업무, 데이터 비교 검증 업무 등 정형화된 절차를 자동화하여 사무업무의 오류를 줄이고, 생산성은 높인다.

자동차보험의 경우 1년간 기록으로 주행거리가 짧으면 보험료를 환급해 주는 절차가 있다. 환급을 받기 위해 보험가입자는 계기판 사진을 찍어 보험사로 송부한다. 보험사의 RPA는 계기판 사진을 판독하여 보험가입 후 1년간의 주행거리를 판단하고 환급비용을 자동으로 계산해 줄 수 있다.

RPA를 개인 업무에 적용하면 사이버 비서가 된다. 사이버 비서는 나의 일정과 업무 등을 알려준다. 정형화된 패턴이 있는 전자메일은 자동으로 확인하고 답신을 보낼 수 있으며, 항공편이나 기차예약 등을 지시하면 대신해 줄 수 있다. 머지않아 1인 1비서 즉, 사이버 비서가 지원해 주는 시대가 오고 있다. 사이버 비서는 24시간 일을 시켜도 불평·불만이 없고, 사람보다 빠르고, 실수도 하지 않는다.

설비·업무의 자동화는 먼저 정형화된 단순, 반복 업무를 대상으로 한다. 나아가 복잡한 업무 프로세스는 부분적으로 자동화하여 사람과 협업, 운영효율성을 높이는 형태로 진행한다. 점차 Text분석이나 머신러닝 등을 적용하여 지능화된 영역까지 폭넓게 자동화를 추진한다. 스마트공장은 설비·업무의 자동화를 통해 사람이 보다 가치 있는 일에 집중할 수 있도록 지원한다.

module 08

인공지능 스마트공장의 기본, 이것이 필요하다!
| AI 스마트공장의 필요조건

AI 스마트공장은 단순 기능을 대체하는 설비·업무의 자동화 수준에 만족하지 않는다. AI 스마트공장의 최종 목표는 자율운영Autonomy이다. 국가표준KS[4]에서는 '자율운영'을 '최적화된 공장이 사람의 관여를 최소화한 상태에서 자율적으로 운영되고 있음', 'CPS[5], IoT, 인공지능 등의 기술을 통한 자가진단 및 자가수리가 가능하고 자율제어를 통해 유연성이 극대화됨'이라고 제시하고 있다. 자율운영이 가능한 AI 스마트공장은 어

----

4 KS X 9001-3: 2016년 6월 30일 제정

5 Cyber Physical System: 가상 물리 시스템

떤 모습으로 구현되어야 하는지 알아보자.

〈 정보의 단절 〉

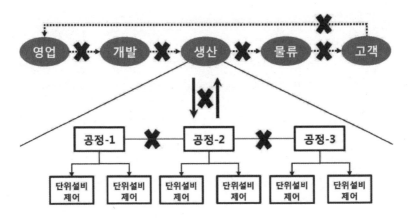

첫째, AI 스마트공장은 수평적으로 연결Connected되어야 한다. 1인 기업인 경우에는 전체 프로세스를 한 사람이 모두 총괄하기 때문에 수평적 연결에 관심이 없다. 하지만 기업이 성장하고 구성원이 늘어나면 조직이 생기고 부서별로 서로 다른 역할을 수행하게 된다. 조직을 운영하기 위해 영업, 연구개발, 생산, 품질, 물류 등 각각의 기능부서들은 업무에 필요한 시스템을 구축하게 된다. 이 시스템들이 하나의 기능부서, 하나의 공정에서는 최적일 수 있으나 전체로 볼 때는 최적이 아닌 경우가 있다. 또, 기업의 조직이 커지고 정보가 단절되어 있으면 갈

등과 불신이 발생할 수 있다. 영업은 생산을 믿지 못하니 긴급 주문이라는 명목으로 생산을 압박하고, 생산은 플러스-알파Plus-α로 제조하여 재고를 쌓아둔다. 개발은 생산의 실력이 부족하다 하고, 생산은 개발팀이 공장을 이해하지 못한다고 불만이 많다.

손자병법孫子兵法에 지피지기 백전불태知彼知己 百戰不殆라는 말이 있다. 상대를 알고 나를 알면 백 번 싸워도 위태롭지 않다는 뜻이다. 기업의 영업, 마케팅, 연구개발, 생산품질, 물류 등 기업의 공급사슬Supply Chain 전체를 수평으로 연결해서 정보를 실시간 공유할 수 있다면 믿음이 생기고 불필요한 낭비를 제거할 수 있다. 공장 내부에서도 개별로 동작하고 있는 시스템들을 연결하여 전체 최적화를 도모해야 한다.

수평적 연결은 기능부서 연결만을 의미하지 않으며, 사업장 간의 연결을 포함해야 한다. 기업이 다수의 국내, 해외 공장을 운영하고 있는 경우에는 공장 간의 수평적 연결이 필수적이다. 공장 간 정보를 공유할 수 있으므로 재료, 제품, 예비품 등을 상호 공유할 수 있을 뿐만 아니라 생산계획을 조정하여 전체 공장을 최적으로 운영할 수 있다. 한 공장에 문제가 발생했을 때는 다른 공장에서 신속하게 백업Back Up할 수도 있다.

둘째, AI 스마트공장은 수직적으로 연결되어야 한다. 종래의 수직적 연결은 공정에 필요한 센서나 작동장치를 연결하고, HMI Human Machine Interface를 구성하면 되는 것이었다. 또, ERPEnterprise Resource Planning, 전사적 자원 관리와 같은 기간시스템은 주로 경영자들의 관심사항이기 때문에 하위의 제어시스템에 대해서는 별로 관심이 없었다. 지금까지 상위시스템은 전산화의 개념으로 구축되었으며, 하위시스템은 공장자동화의 개념으로 진행되어 왔다. 하지만 스마트공장은 기간시스템과 자동화시스템을 수직적으로 연결하려고 한다. 경영자들도 공장의 상황을 정확하게 인지했을 때 중요한 의사결정을 올바르게 실행할 수 있기 때문이다.

수직적 연결은 기업 내부의 수직적 연결만을 의미하지 않으며, 협력하는 기업들과의 연결을 포함해야 한다. 제조기업들은 핵심역량에 집중하기 위해 여타 기능들은 외주화外注化, Outsourcing하고 있다. 따라서 모기업의 제조경쟁력은 1차-2차-3차 등 전체 협력기업의 역량에 좌우될 수밖에 없다. AI 스마트공장은 협력기업들과 실시간으로 정보를 공유하면서 협업할 수 있는 공장이 되어야 한다.

셋째, AI 스마트공장은 눈에 보인다. 사람은 오감으로 정보를 수집한 다음 지능으로 분석하여 행동을 취한다. 정보가 없으면 올바른 행동을 기대할 수 없다. 내 몸에 상처가 나서 피가 흐르고 있는 것이 눈에 보이면, 이것을 방치할 사람은 없다. 하지만 몸속에 치명적인 암세포가 자라나고 있는데 눈에 보이지 않으면 그대로 방치하다가 큰 병을 갖게 될 수 있다. 눈에 보이면 문제의 반은 해결되었다고 볼 수 있다. 수평적 연결과 수직적 연결은 기업경영에 필요한 모든 것을 보이게 하는 '가시화'의 첫 출발이라고 할 수 있다. 눈에 보이면 문제를 조기에 발견할 수 있다.

넷째, AI 스마트공장은 데이터 경영이 필수적이다. 기업의 조직을 보면 대표이사를 정점으로 하여 하위조직으로 갈수록 인원이 많아지는 계층구조로 되어 있다. 일반적으로 기업에서는 상위 직급으로 갈수록 급여가 높은데, 이것은 의사결정 비용이다. 특히, 경영자의 판단과 결정은 기업을 흥興하게도 하고, 망亡하게도 한다. 그런데 지금까지는 상당 부분 '감感'으로 의사결정을 해온 것이 사실이다. 이것이 잘 맞아떨어지면 대박이 되고, 잘못된 결정은 쪽박이 되기도 한다. 이제는 감으로 경영하지 말고 데이터로 경영을 해야 한다.

최근 스포츠 경기를 보면 감독들이 데이터를 근거로 선수기용을 하는 사례가 많아지고 있다. 스포츠에서도 감독이 '감'으로 하는 믿음의 야구, 믿음의 축구를 하던 시절은 끝났다. 데이터를 근거로 스포츠경영을 하는 감독들만이 살아남는다. 미래에는 선수를 교체할 때 감독이 인공지능 시스템에게 먼저 물어보고 의사 결정하는 시대가 올 것 같다. 빅데이터를 분석한 결과는 사람이 객관적, 합리적으로 의사결정을 할 수 있도록 지원한다. 현장의 다양한 데이터를 활용하는 제조의 지능화는 스마트공장이 풀어나가야 할 숙제라고 할 수 있다.

　　AI 스마트공장은 똑똑한 공장이다. 그런데 자고 일어났더니 똑똑해지더라. 그런 일은 일어나지 않는다. 똑똑해지려면 학습을 해야 한다. 학습을 하려면 자료가 필요한데 그것이 바로 데이터이다. 데이터는 DIKW라는 가치 모델을 갖고 있다. 데이터Data는 그 자체로는 아무런 가치도 제공하지 않는다. 이것을 분석하면 정보Information가 된다. 여기서 정보를 활용하는 노하우를 얻게 되면 지식Knowledge이 되고, 지식을 활용하여 창의적인 아이디어를 만들어 내는 지혜Wisdom로 발전하는 모델이다.

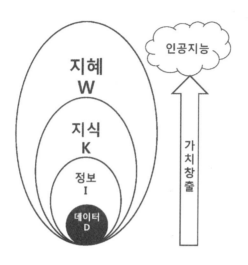

기상청에서는 일기예보를 발표하기 위해 기상을 관측한다. 관측한 데이터Data를 그대로 제공하면 비전문가인 나는 아무런 가치도 얻을 수 없다. 그런데 관측한 데이터를 분석하여 비가 올 확률이 70%라는 정보Information를 제공하면, 나는 65% 이상이면 우산을 들고 나가는 것이 좋겠다는 결론, 바로 지식Knowledge을 얻는다. 나아가서 지하철역 출구에서 우산을 팔겠다는 사업 아이디어Wisdom로 발전할 수 있다.

AI 스마트공장에 설치된 IoTInternet of Thing, 사물인터넷센서는 설비의 상태를 실시간으로 진단해서 고장이 나기 전에 미연에 방지하는 예지보전 정보를 제공한다. 사람Man이 실수하지 않도록 실시간 데이터와 과거의 시계열 데이터를 분석하여 의사결정에 필요한 가이드라인을 제공한다. 또, 투입되는 재료나 에너지가 현재에도 미래에도 낭비 없이 사용될 수 있도록 최적화한다. 가동 상황을 실시간으로 모니터링하면서 정상에서 벗어나지 않도록 하고, 재고를 남기지 않으면서도 고객이 필요한 만큼만 적기에 배송이 될 수 있도록 생산량을 관리하고 계획을 조정한다.

다섯째, AI 스마트공장의 제품에는 서비스 모델이 있다. 지금까지 제조는 물건을 만들어서 판매수익을 창출하는 데 관심이 있었다. 공장에서 출하된 소비재는 유통업에서 그 이후를 담당하고, 자동차와 같은 내구재는 자동차정비소에서 그 이후를 관리했다. 그 결과 사용자 경험이라는 소비자의 정보가 단절되는 사례가 많았다. 스마트공장은 사용자 의견을 중요하게 생각하고, 이것을 비즈니스로 연결시키려고 한다. 스마트공장에서 내구재를 만들 때도 기존의 기능에 새로운 서비스를 융합하는 사례가 증가하고 있다.

GEGeneral Electric는 자사가 제작한 항공기 엔진에 장착된 센서 정보를 분석하여 최적의 정비시점을 예측하는 GEaviation을 개발하였다. 한국의 코웨이는 IoT기반으로 제품을 사용하는 과정에서 축적된 데이터를 활용하여 공기청정기의 필터를 맞춤형으로 교환해주는 서비스 등을 제공한다. 이처럼 수많은 국내외 제조 기업들은 이미 서비스업으로 진출하고 있거나 진출하려고 준비하고 있다. 제조 기업이 고객의 경험을 반영한 맞춤형 제조와 서비스를 제공하고자 하는 것이다.

4차 산업혁명을 촉발한 새로운 기술은 하드웨어와 소프트웨어의 융합을 가속화하고 있어 산업 간의 경계가 파괴되고 있다. 제조업의 서비스화와 함께 역으로 서비스 기업의 제조업으로의 진출도 다양하게 진행이 되고 있다. 제품이 소비되는 과정의 고객 경험을 다양한 채널Multi Channel로 파악Market Sensing하고, 차별화된 맞춤형 서비스를 제공한다. 변심하지 않는 충성고객으로 유지하려는 흐름이라고 할 수 있다. 종래에는 B2BBusiness to Business, 기업과 기업 간 거래, B2CBusiness to Consumer, 기업과 소비자 간 거래가 구분되어 있었지만 오늘날 B2B2C로 연결이 되고 있다. 소비자의 경험이 돈이 되는 세상이다.

장수하는 기업의 유전자,
Digital & Network & AI
| 스마트공장의 새로운 유전자(DNA)

　　1차 산업은 농축수산물을 만들고, 2차 산업은 공산품을 만들고, 3차 산업은 서비스를 만든다. 모든 산업은 인간의 기본적 욕구인 입고衣, 먹고食, 머무는住 것과 관련된 제품과 서비스를 만든다. 1차 산업인 농업, 임업, 어업 분야는 2차 산업의 산출물인 공산품재료, 도구, 기계 등을 사용한다. 2차 산업인 제조업은 1차 산업의 산출물을 원료로 사용하는 경우가 많다. 3차 산업인 서비스업에서는 1·2차 산업의 산출물을 유통하거나, 사후관리After Service하는 분야가 많다. 대표적인 서비스 기업인 구글, 페이스북, 애플, 알리바바, 에어비앤비, 우버, 아마존 등은 생산자와 사용자를 연결하는 플랫폼 비즈니스Platform Business로 수익을 창출한다. 그러므로 4차 산업혁명이 추구하는 스마트공장은 1차, 2차, 3차 산업 전체의 생태계와 관련이 있다.

1953년 제임스 왓슨James Watson은 DNA가 이중나선 구조로 되어있다는 것을 발견했다. 사람의 몸은 약 60조 개의 세포로 구성되어 있는데 그 세포의 핵 안에 DNA가 자리 잡고 있으며, DNA가 지령하는 대로 세포는 일을 한다. DNA가 지시하지 않으면 세포는 제대로 일할 수 없다. 더구나 DNA는 염색체라는 유전자를 갖고 있어 다음 세대로 이어지게 된다.

인간에게 DNA가 있다면 기업에는 기업문화라는 것이 있다. 우량한 기업문화를 갖고 있으면 장수 기업이 될 수 있다. 인간의 수명은 유한하기 때문에 사람이 기업에서 일할 수 있는 시간은 40년, 50년을 넘을 수 없다. 그러므로 우량한 기업문화가 DNA처럼 후배들에게 전달되어야 장수기업이 될 수 있다. Digital, Network, AI의 머리글자인 DNA는 장수하는 스마트공장에 필요한 유전자라고 할 수 있다.

[1] 스마트공장은 디지털공장이다(D)

　　인간이 개발한 도구들 중에 가장 탁월한 도구는 바로 소통의 도구로 사용되는 '언어말. 문자'라 할 수 있다. 문자 이전에 말이 있었지만 말은 사용하면 사라져 버리기 때문에 축적할 수 없었다. 기원전 3000년경부터 인류가 문자를 사용하기 시작하면서 아날로그 문명이 시작되었다. 문자로 기록을 남기게 되면서 문명을 계승하고 발전하는 속도가 빨라졌다. 아날로그 문명은 그렇게 수천 년의 역사가 흘렀다.

　　디지털 혁명은 3차 산업혁명으로 시작이 되었다. '1'과 '0'으로 모든 것을 표현하는 디지털 정보와 프로그래밍 기술이 컴퓨터라는 형태로 공장에 들어왔다. 그리고 컴퓨터가 인간의 지적 능력을 대신하는 시대가 되었다. 디지털 정보는 그 분량이 막대하다 보니 책을 보듯이 일일이 뒤져볼 수 없다. 지식과 정보를 검색하는 시대가 되었다. 4차 산업혁명은 ICT Information and Communication Technology. 정보통신기술 혁명이라고도 한다. 바로 'C'가 갖고 있는 의미가 중요하다. 소통의 대상이 사람뿐만이 아니라 사물로 확대되면서 정보의 양이 폭발적으로 증가하게 되었고, 3차 산업혁명과는 비교할 수 없는 큰 규모의 디지털 세상이 되었다.

　시장조사기관인 IDCInternational Data Corporation가 2017년 발간한 「Data Age 2025」 백서에 의하면 2025년까지 전 세계 데이터의 양은 163ZBZetaByte. 제타바이트까지 증가할 것이라고 한다. 2012년 데이터의 양 2.8ZB와 비교하면 13년 동안 58배 증가하는 수치이다. 그러나 실제로 저장되는 데이터는 5% 정도에 불과한데 앞으로 딥러닝과 머신러닝으로 데이터를 분석하려는 양이 늘어나면 저장 용량도 증가할 것으로 예상했다.

　스마트공장이 점점 진화하는 지능을 갖기 위해서는 빅데이터로 기계학습을 해야 한다. 인공지능 컴퓨터 알파고가 16만 건의 기보棋譜로 학습한 것처럼 스마트공장도 기보棋譜와 같은 데이터가 필요하다. 바둑은 전 세계 누구라도 참여하여 데이터를 생성할 수 있지만, 우리 공장에 필요한 데이터는 내부에서 축적하는 것 말고는 다른 대안이 없다. 데이터를 외부에서 사올 수도 없다. 따라서 제조의 전체 과정에서 디지털로 업무를 하면서 데이터를 축적해 나가야 한다.

　스마트공장의 또 다른 표현은 디지털공장이다. 그렇

다면 디지털화의 대상은 무엇인가? 첫째, 연구개발 업무의 디지털화가 필요하다. 기업의 핵심 기술자들이 모인 연구소가 만들어 내는 데이터라면 기업으로서는 소중한 자산이 아닐 수 없다. 그러나 막상 고도의 지식인이라는 연구원들은 특허를 검색하거나, 데이터를 분석하거나, 오류를 수정하거나, 만나서 회의를 하는 등 순수 연구 활동과 관련이 없는 업무에 50% 이상의 시간을 사용한다. 그러면서도 정작 중요한 데이터는 남기지도 못하고 있는 것이 현실이다. 모든 연구결과의 디지털화, 실패 및 성공 사례의 디지털화가 필요하다. 또, 개발과정에서 생성되는 디자인 및 검증 관련 데이터 등 상품화되는 모든 과정은 디지털로 진행되어야 한다.

둘째, 사무의 디지털화가 필요하다. 사무를 수행하는데 컴퓨터를 사용하고 있으니 디지털이라고 말할 수 있을까? 컴퓨터를 사용하고 있지만 사실은 수작업手作業을 하고 있는 경우가 많다. 엑셀로 데이터를 분석하거나, 수작업으로 자료를 만든다. 예를 들면 작업지시나 생산계획을 작성, 출력하여 배포한다면, 모두 아날로그 작업이다. 사람이 만든 자료이므로 축적하기도 어렵고, 제조 과정에서 계획이 바뀌는 경우도 있는데 그 과정에 사람이 수작업으로 개입한다면, 그 데이터를 믿을 수 없다.

사무에서 발생하는 모든 데이터나 프로세스가 디지털화의 대상이다. 원본데이터Raw Data로 저장하고, 분석데이터는 항상 원본데이터를 참조하여 실시간으로 분석결과를 보여줄 수 있어야 믿을 수 있다.

셋째, 생산의 디지털화가 필요하다. 설비는 상태정보를 제공한다. 센서, IoT로 연결Connect된 설비에서는 실시간 데이터를 제공한다. 자동화 설비는 측정 데이터를 제어의 목적으로 활용하고 이력을 남긴다. 축적된 설비 정보는 미래를 예측하는 예지보전에 활용될 수 있다. 사이버 세상에 실물과 똑같은 디지털 트윈Digital Twin. 디지털 복제을 적용하여 시뮬레이션Simulation. 모의실험으로 검증하는 프로세스를 만들 수 있다.

넷째, 공정Process의 디지털화가 필요하다. 공정은 작업과 작업, 사람과 기계, 제조현장과 경영을 이어주는 연결고리이다. 작업절차, 작업지시서, 생산일지, 생산지표, 공정 순서 등을 디지털화 한다. 디지털화는 업무의 정확성을 높이는 수단이된다.

산업의 디지털화는 1969년경 ITInformation Technology

혁명으로 시작되었다. 50여 년의 디지털화 여정은 이제 4차 산업혁명으로 가속도가 붙고 있다. 스마트공장에 필요한 첫 번째 유전자는 'D', Digital 이다.

[2] 스마트공장은 네트워크로 연결된다(N)

미국의 전기공학자로 이더넷Ethernet을 개발한 로버트 메트칼프Robert Metcalfe는 "네트워크에 연결된 사용자가 많아지면 네트워크의 가치는 기하급수적으로 증가한다."라는 메트칼프의 법칙Metcalfe's Law을 1995년에 제창하였다. 예를 들면 스마트폰을 나 혼자 사용할 때보다는 더 많은 다수가 사용하게 되면서 그 가치가 커지게 된다. 동호회, 동창회, 프로젝트 멤버 등으로 연결이 되면 손쉽게 정보공유도 하고 업무효율도 높일 수 있다.

4차 산업혁명의 특징 중 하나로 '초연결Super Connectivity'이라는 표현을 사용한다. 연결은 네트워크를 만든다. IoT와 통신의 발달로 스마트공장의 네트워크가 점점 커지고 있다. 시스템 간의 연결, 공장 간의 연결, B2B2C 연결 등 모든 것이 소통하는 IoEInternet of Everything. 만물인터넷 시대가 되고 있다. 제조기업의 새로운 도약은 네트워크로 연결된 스마트공장이라 할 수 있다.

즉, 네트워크로 연결되지 않으면 스마트공장이 될 수 없다. 네트워크는 공동체, 즉 믿을 만한 집단이 된다. 사람들 간의 공동체에 사기꾼이 한 명이라도 끼어 있으면 많은 사람이 피해를 볼 수 있다. 그래서 네트워크는 검증과 보안이 필요하다. 스마트공장에 연결된 시스템에서 믿을 수 없는 데이터가 올라온다면, 그 분석 결과도 믿을 수 없다.

자동차부품 전문기업인 일본의 덴소DENSO, 독일의 보쉬BOSCH 등이 전 세계 100여 개 공장들을 연결하여 글로벌 생산성을 10% 이상 올리겠다는 전략은 바로 네트워크의 힘을 활용한다는 의미이다. 이제 공장은 인건비가 싼 곳으로 진출하려고 하지 않는다. 스마트공장은 가장 효율이 좋은 제조공정을 세계 어디에서든 실현할 수 있는 공장이 된다. 스마트공장에 필요한 두 번째 유전자는 'N', Network 이다.

[3] 스마트공장의 끝판왕은 인공지능이다(A)

스마트공장의 디지털데이터와 네트워크는 인공지능을 통해 그 가치가 발휘된다. 인공지능은 실시간 데이터와 클라우드Cloud에 저장되어 있는 빅데이터를 분석하여 언제든 네트워크를 통해 필요한 곳으로 정보를 전달할 준비가 되어 있다.

　　네트워크에 접속하는 혹은 접속되는 고객에게는 과거의 소비 패턴 분석결과를 고려하여 맞춤형 상품서비스를 제공한다. 고객으로서는 마치 자신의 마음이 읽힌 것처럼 구입하려고 했던 제품과 가격이 제시되는 것을 보고 구매결정을 하지 않을 수 없다. 영업사원은 고객과 상담을 할 때 공장의 시스템과 연결되어 실시간으로 고객에게 납기약속을 할 수 있다. 영업사원이 '공장과 협의해서 납기를 알려드리겠습니다.'라고 말하는 순간 고객은 떠나버린다. 고객은 성질이 급하다. 절대 기다려 주지 않는다. 따라서 우리가 인공지능 시스템으로부터 조언을 받는다면, 실시간 조언이 필요하다.

　　제품 개발단계에서 보통 모양 위주로 미리 목업Mock-up. 실물모형을 만든다. 플라스틱이나 나무 같은 재료를 사용하여 만들고 사람이 만지거나 보았을 때 어떤 느낌인지를 살피는 용도로 쓰였다. 이제는 3차원 영상으로 디지털 목업Digital Mock-up. 전자 실물모형을 만든다. 직접 만져 볼 수는 없지만 실제와 비슷하게 볼 수 있어서 시간과 비용을 절약할 수 있다. 다른 사례로 신차에 적용하는 타이어의 개발과정을 보자. 자동차에 장착할 신규 타이어를 개발하려면 제품설계 → 시제품제작 → 주행테스트 → 공법수정 등 과정을 반복하면서 약 100일 정도 기간이 소요된다. 이 과정을 빅데이터 기반으로 시뮬레이션Simulation하면, 이론적으로는 단 몇 초 만에 최적의 공법을 도출할 수 있다.

스마트공장에서는 과거 수년간의 데이터를 학습한 예지보전 시스템이 있다. 설비상태가 정상에서 벗어나면 디지털 트윈Digital Twin이 엔지니어에게 보수가 필요한 시점과 방법 등을 조언해 준다. 품질은 예측이 가능하며 최적으로 제어된다. 이처럼 스마트공장에서는 고장과 불량이 발생하지 않기 때문에 불필요한 재고를 생산할 이유가 없다.

스마트공장에는 사람처럼 생각하고 행동하는 강한 인공지능은 필요하지 않을 수 있다. 하지만 약한 인공지능, 즉 제조에 필요한 전문성을 갖고 있는 베테랑 인공지능은 반드시 필요하다. 컴퓨터는 사람보다 월등한 계산능력과 기억력을 갖고 있다. 1초에 1억 번 이상 단순계산을 할 수 있으며, 도서관에 소장된 장서에서 필요한 정보를 찾아내는 데도 1초면 충분하다. 이런 것들은 사람이 해야 할 이유가 없다. 이러한 컴퓨터의 능력에 지혜로운 생각을 불어 넣은 것이 인공지능이라 할 수 있다.

스마트공장에서 사람의 역할은 의사결정과 창조적인 업무이다. 아직 과학이 인간의 능력을 100% 규명하지 못하고 있다. 따라서 사람이 만든 인공지능 또한 사람처럼 판단할 능력은 없다. 특히 경험해 보지 못한 상황을 만났을 때는 사람만이 유일하게 인간다운 결정을 할 수 있다. 스마트공장 운영에 필요한 분석 정보를 인공지능이 제시하고, 이것을 근거로 사람이 결정한다. 스마트공장에 필요한 세 번째 유전자는 'A', Artificial Intelligence인공지능이다.

module 10

지속가능한 기업은 어떤 모습인가?
| 인공지능에 대한 기대와 우려

3차 산업혁명 시대를 살아온 기성세대가 '공장'이라는 단어를 들으면 언뜻 '굴뚝'이라는 이미지가 연상된다. 공장에서 사용하는 석유에너지가 연소되면서 나오는 굴뚝의 '연기'는 부정적인 이미지이다. 또 공장이라는 단어는 인공적인 것 혹은 산업재해와 같은 부정적인 선입견이 들기도 한다. 오늘날 4차 산업혁명이 추구하는 스마트공장은 긍정적인 이미지가 되고, 지속가능한 기업이 되어야 한다.

지속가능한 기업은 사람에게 유익한 제품과 서비스를 제공한다. 기업에서는 만에 하나 실수로라도 사람에게 유해

한 제품을 제조하면 안 된다. 물건을 만드는 모든 과정은 투명하게 검증되어 신뢰할 수 있어야 한다. 사람이 섭취하는 식음료품은 당연히 인체에 유익한 것이어야 한다. 사람이 사용하는 건물, 구축물, 자율자동차 등은 모두 인간에게 위해를 끼치지 않아야 한다. 사람이 보고, 듣고, 사용하는 콘텐츠들은 인간의 감성적 가치를 저해하지 않는 것이어야 한다.

지속가능한 기업은 사회적인 책임을 다한다. 사회적인 책임이란 지역사회 및 이해관계자들과 상생相生하고, 협력을 다하는 것이다. 지역사회에 공장이 건설되면 고용과 세수稅收가 늘어나고 지역이 발전하게 된다. 기업은 제조 과정에서 자원을 낭비하지 않으며, 유해 물질을 방출하거나 누출하지 않아야 지역사회에서 환영받을 수 있다. 또 제품을 만들기 위한 원부원료 공급, 자재조달, 물류, 서비스 등 분야에서 공정한 협업이 필요하다. 이때 모기업이 협력기업을 지배하는 것이 아니라 진정한 협력관계가 성립되어야 한다. 기업이 성장하면 지역경제도 살아나고 지역주민의 삶의 질도 좋아지는 선순환善循環 효과가 있다. 단순히 기업이 투자를 해서 지역 주민이나 지역경제를 개선했다는 것이 아니고, 지역의 도움이 있었기에 기업이 성장할 수 있었다는 것이다. 일방이 아니고 쌍방이며, 상생이다.

지속가능한 기업은 일하기 좋은 직장이 된다. 일하기 좋은 직장은 더 적게 일하지만 더 많은 급여와 복지를 누릴 수 있게 된다. 이것이 가능하려면 개인은 각자가 누리는 혜택보다 더 큰 기여를 할 수 있어야 한다. 이것은 개인의 노력만으로는 한계가 있으며, 시스템으로 실현되어야 한다. 최적화 시스템은 투입Input 대비 산출Output을 극대화할 수 있어야 한다.

지속가능한 기업은 고객만족 경영을 한다. 기업의 영원한 숙제는 바로 고객이다. 고객이 없으면 기업은 존재할 수 없다. 오늘날 고객은 기업에서 제공하는 제품, 서비스를 수동적으로 받아들이지 않는다. 적극적으로 의견을 제시하거나 제조 과정에 참여하려고 한다. 고객은 더 이상 단순 소비자가 아니다. 이들은 제품에 대한 지식이 뛰어나고, 까다롭고, 요구 수준이 높다. 다양한 고객의 욕구에 맞춤형으로 대응할 수 있어야 한다.

오늘을 살아가는 기성세대는 20세기1901~2000년를 살아왔다. 기성세대는 머릿속으로 암산하는 능력도 있었고, 웬만한 전화번호 수십 개는 외우고 다녔다. Year 2000을 넘어오면서 컴퓨터, 인터넷, 스마트폰 등이 일반화되었다. 이제 일상생활의 모든 것이 변했다. 전화번호는 고작해야 가까운 가족 말고는 기억하지 못한다. 암산 능력도 예전 같지 않다. 인간에게서 삭제된 능력도 있고, 새롭게 보완된 능력도 있다.

미국 스탠퍼드대 HAI Human centered AI, 인간중심인공지능연구소가 발표한 「2019년 인공지능 연례 보고서AI Index Report 2019」에 따르면, 2010년대 들어 인공지능의 성능 향상 속도가 '컴퓨터 칩의 성능이 2년마다 2배씩 향상된다는 무어의 법칙Moore's Law'보다 7배나 빠른 것으로 분석됐다. 인공지능의 성능이 3.4개월에 2배씩 증가하고 있다. 또 2010~2019년 9월 기간 동안 AI 일자리가 5배 증가했다고 밝혔다. 인간의 노력으로 인공지능의 성능이 기하급수적으로 향상되고 있다.

로봇 공학자인 한스 모라벡Hans Moravec은 인공지능의 IQ가 2030년대에는 원숭이 정도가 되고, 2040년대에는 인간 정도의 지능을 가진 로봇이 등장할 것으로 예상했다. 미래학자인 레이 커즈와일Ray Kurzweil은 2005년 출간된 『특이점이 온다 The Singularity Is Near』에서 인공지능이 인간을 넘어 통제할 수 없게 되는 특이점Singularity을 2045년으로 예상했다. 2018년 작고한 이론 물리학자 스티븐 호킹Stephen Hawking 박사는 "인공지능 개발이 대다수 인류를 억압하는 강력한 무기가 될 수 있다."라고 경고했다.

로봇은 '힘든 일을 대신하는 노동자'로 시작했지만, 점점 똑똑해지면서 사람처럼 감정을 갖게 될 수 있다. 1940년대 미국의 아이작 아시모프Isaac Asimov의 『아이 로봇』이란 소설에서 자유를 찾아 도망치는 로봇이야기가 나온다. 소설에서는 로봇이 인간에게 해를 끼치지 않도록 반드시 지켜야 원칙 3가지를 제시하고 있다.

▷**제1원칙**: 로봇은 인간에게 해를 입혀서는 안 된다. 그리고 위험에 처한 인간을 그냥 보고 있어도 안 된다.

▷**제2원칙**: 로봇은 제1원칙에 어긋나지 않는 경우라면, 인간의 명령에 복종해야 한다.

▷**제3원칙**: 로봇은 제1원칙과 제2원칙에 어긋나지 않는 경우라면, 로봇 자신을 스스로 보호해야 한다.

인공지능으로 인해 인간은 일하지 않아도 풍요롭게 살아갈 수 있게 된다는 기대가 있는 반면, 인간이 만든 인공지능이 우리를 지배할 것이라는 우려도 있다. 하지만 시대의 흐름은 막을 수 없다. 인공지능을 개발하고 소유하는 당사자들이 본래의 목적에서 벗어나지 않도록 제어해야 한다.

인공지능이 계산하고, 인공지능이 대신 일하는 시대가 오면, 사람은 더 이상 학습하지 않아도 될까? 그렇지 않다. 사람이 판단을 하고 행동할 때는 논리적인 근거가 필요하다. 사람은 본래 의미 없는 행동은 하려고 하지 않는다. 사람은 논리적 근거나 원리를 이해한 후에 의미 있는 행동을 하게 되는 존재이다. 인간이 보다 창의적인 역할을 하려면, 기존의 인공지능에 대한 깊은 이해가 필요하다.

인공지능은 목적이 아니며, 인간이 가치 있는 삶을 영위하는 데 필요한 수단이 되어야 마땅하다. 지속가능한 기업은 인간에게 유익하고, 친환경적인 혹은 문화나 문명과 같은 긍정적인 이미지가 연상되어야 한다. 그러므로 반드시 사람이 그 중심에 있어야 한다.

▌ 경갑수 저자

LG유플러스 상근자문, 한국미래과학진흥원 이사진

『 4차 산업혁명 에센스 』

▶ 『 4차 산업혁명 에센스 』

    2020년 서울교육청 학교프로그램 진행도서

    2020년 사단법인 한국과학저술인협회 인증 우수도서

    2020 한국출판문화산업진흥원 세종도서 선정(학술부문)

PART 2

5G

5세대 이동통신

: 미래를 여는 슈퍼 하이웨이

우리 삶의 질을 높이고 4차 산업혁명의 기반이 될 5G에 대해 자신 있게 알아 본다. 왜 5G가 중요하고 필요한가? 기존 이동통신과는 어떻게 다른가? 5G가 만들어갈 새로운 서비스와 산업은 무엇인가? 5G로 인해 우리의 미래는 어떻게 바뀔 것인가? 5G를 알고 제대로 이해하면 미래가 보인다. 평소에 가졌던 5G에 관한 궁금증을 풀어 본다.

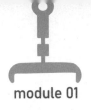

자율주행, 5G가 아니면 안 되는가?
| 왜 5G를 이야기하는가?

[상황 1]

2016년 5월 7일 플로리다Florida 주州의 한 고속도로 교차로에서 자율주행 모드로 달리고 있던 테슬라의 모델S 차량이 좌회전 중인 흰색 대형 트레일러와 충돌하는 사고가 발생했다. 운전자는 치명상을 입고 사망했으며, 테슬라의 자동주행모드가 작동되고 있는 상태에서 발생한 첫 사망 사고였다. 이날 사고 소식이 전해지면서 테슬라 주가는 2% 이상 하락했다.

[상황 2]

2018년 3월 18일 밤 미국 애리조나Arizona 주 템피

Tempe의 한 교차로에서 자전거를 끌고 횡단하던 40대 여성이 자율주행차에 치여 숨지는 사고가 발생했다. 사고를 낸 차량은 세계 최대 차량공유업체 우버Uber가 시범 자율주행을 하던 볼보XC90이었다. 같은 달 역시 애리조나에서 구글Google의 자율주행 자동차가 중앙선을 넘은 혼다Honda 차량을 피하지 못하고 충돌하는 사고가 발생했다.

[상황 3]

2018년 3월 23일 오전 미국 캘리포니아California 주 101번 고속도로 마운틴뷰Mountain View 부근을 달리던 테슬라 모델X 차량이 갑자기 중심을 잃고 중앙분리대를 들이받은 뒤 뒤에서 오던 승용차 2대와 잇달아 충돌했다. 테슬라를 운전하던 30대가 숨졌고 차에서는 큰 불이 났다. 사고를 낸 차량은 당시 자율주행 보조기능인 '오토파일럿Autopilot'을 사용하던 것으로 확인되었다.

[상황 4]

2019년 3월 1일 미국 플로리다Florida 주 델레이비치 Delray Beach에서 테슬라 보급형 모델3이 세미 트레일러를 들이받고 트레일러 밑을 지나 멈추는 사고가 있었다. 운전자인 50대

남성은 사망했다. 조사 결과 자율주행 보조기능인 오토파일럿을 사용 중인 것으로 판명되었다.

2016년 5월 플로리다 주의 자율주행사고와 2019년 3월 플로리다 주의 테슬라 차량의 사고는 오토파일럿장치가 역광에 의해 백색 트레일러를 인지하지 못한 예측할 수 없는 상황에서의 신뢰도에 대한 문제였다. 운전자나 자동주행 시스템 중 어느 한쪽이 충돌을 피하기 위해 브레이크를 작동했어야 했지만 실제로는 그렇게 되지 않았다. 우버 차량의 경우도 라이다Lidar[1] 가 어두운 밤에 전방에 출현한 보행자를 미리 감지하지 못해 일어난 경우이다.

대부분의 자율주행차량의 사고는 사람이 운전의 주도권을 잡고 자율운전기능은 보조수단으로 사용해야 함에도 불구하고 운전자가 운전주의運轉注意 의무에 충실하지 못한 것과 각종 기기의 신뢰도가 모든 상황에 자동으로 대처할 만큼 안정되어 있지 못하다는 것에 기인한다.

----

1 LIDAR(Light Detection & Ranging): '레이저 스캐닝(Laser Scanning)' 또는 '3D 스캐닝' 이라고도 하며 레이저를 사용하여 주변 물체와의 거리뿐만 아니라 물체 식별도 가능함.

현재 자율주행차의 기술은 먼지가 많은 비포장도로 또는 폭우나 폭설 등에 취약하여 오동작을 일으킬 수 있다. 또, 어두운 한밤중이나 움푹 패인 도로Pot Hole, 도로 표면의 얇은 빙판Black Ice, 햇빛에 의한 역광 등 다양한 자연현상에 대해 능동적으로 대처하기가 어려운 실정이다.

자동차 회사마다 차이는 있으나 대부분의 자율주행차는 자동차에 장착한 360도 카메라와 라이더 및 레이더 등 각종 센서에서 확보한 데이터와 GPS 위치정보를 처리하여 자율주행을 가능하게 한다. 앞으로 기술이 발전하여 측정 장치와 센서가 더욱 고도화되면, 자율주행 신뢰도가 높아질 것이다. 그러나 아직은 완전한 자율주행은 어려우며 상용화까지는 시간이 걸릴 것으로 예상한다.

우리가 알고 있는 자율주행차는 SAE International Society of Automotive Engineers International. 국제자동차기술자협회에서 정한 자율운전가능 레벨에 따라 레벨0부터 레벨5까지 6단계로 인간이 운전에 개입해야 하는 단계와 완전히 자동차에게 맡길 수 있는 단계를 세분화하여 정의하고 있다. 아직까지는 자율주행을 자동차에게 전부 맡기고 운전하는 것은 불가능하며, 자율운전 보조

장치를 사용하면서 사람이 개입하여 운행하는 레벨2가 대부분이다. 자율주행 레벨2는 부분 자동화 운전으로 차선을 벗어나지 않도록 자동차 스스로가 조향장치를 움직이고 앞차와의 간격 등을 고려해 스스로 속도를 줄이거나 내는 것이 가능하다. 그러나 운전자는 전방을 주시해야 하며 필요시 운전에 개입하여야 한다. 테슬라의 오토파일럿 등이 레벨2에 해당한다.

그러나 진정한 자율주행인 레벨4 이상이 되려면 자동차가 수집한 정보를 바탕으로 하는 자율주행만으로는 부족하다. 차량 간의 교통정보와 도로 및 건물이나 지상 구조물에서 수시로 보내주는 동적動的, Dynamic 교통정보를 받아 분석하여 사각지대까지 감안한 운전이 되어야 한다. 또한 정보를 지연 없이 거의 실시간으로 차량에 제공하여 차량제어가 가능하도록 통신이 확보되어야 한다. 5G의 초저지연 특성1ms으로 이에 대응할 수 있다.

뿐만 아니라 수많은 교통정보를 주고받으려면 초연결이 필요하고 전송 속도뿐만 아니라 전송 용량과 통신의 신뢰성도 충분히 확보되어야 한다. 즉, 5G 네트워크가 갖추어진 C-ITSCooperative Intelligent Transportation System, 협력적 지능형 교통시스템

기반하에서 완전한 자율주행이 이루어질 수 있다.

2019년 10월 15일 산업통상자원부가 발표한 바에 의하면 우리나라는 2024년까지 전국 주요도로 4대 인프라통신시설. 정밀지도, 교통관제, 도로를 완비하고 2027년에는 전국 주요 도로 완전 자율주행 세계 최초 상용화를 목표로 하고 있다.

왜 5G가 필요한 것인가? 5G가 우리의 삶과 산업에 혁신을 가져올 수 있는 역할과 의미는 무엇일까? 우리가 꿈꾸는 미래, 예를 들면 자율주행 자동차뿐만 아니라 하늘을 나는 자동차Flying Car, 인간이 로봇과 함께하는 세상, 인공지능 비서가 나의 모든 것을 알아서 해주는 세상이 되려면 관련된 기반기술 내지 기반산업 간의 융·복합이 필수적이며 이를 가능하도록 연결해 주는 것이 5G인 것이다.

5G를 기반으로 데이터가 폭발적으로 생성 또는 유통되고, 다양한 IoTInternet of Things, 사물인터넷로 인해 산업 전반이 통합되는 계기를 마련해 줄 것이다. 5G 인프라가 확산됨에 따라 초기에는 실감實感미디어 및 엔터테인먼트 분야에서 적용되고, 향후에는 자율주행 자동차 서비스 및 초연결 로봇서비스 등 전

산업 분야로 확산될 것이다.

아래는 과학기술정보통신부에서 예시한 그림으로 스마트폰 중심의 4G 서비스에서 스마트폰을 넘어선 5G 서비스를 잘 나타내고 있다. 미래를 여는 슈퍼 하이웨이! 기존 이동통신기술과는 무엇이 어떻게 다른지 살펴보기로 하자.

〈 4G에서 진화한 5G 서비스, 과학기술정보통신부 〉

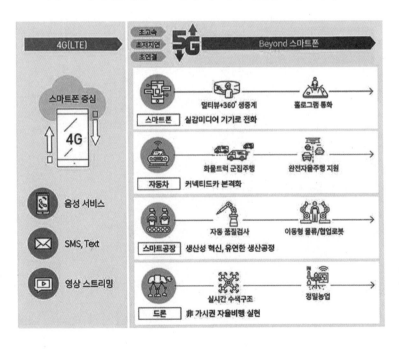

module 02

오늘을 있게 한 위대한 발명
| 통신 역사 알기

    고대에는 언어로 직접 소통하는 것이 유일한 방법이었다. 문자가 발명되면서 문서로 전달할 수 있게 되었고 종이의 발명은 이를 더욱 편리하게 만들었다. 그러나 먼 거리에 있는 사람들과 소통하거나 시간을 다투는 급한 내용을 전달하기 위해서는 불을 사용한 봉화나 훈련된 새를 사용하는 등 시대별로 다양한 방식이 사용되었다.

    시대가 발전하면서 인간의 통신은 그 중요성이 증대되었고 통신의 수단도 점점 발전되어 갔다. 사회적 동물인 인간의 일상생활에 반드시 필요한 것이 통신이었지만 중세시대에서는 집회나 서신을 통한 통신밖에 할 수 없었다.

여기서는 최근 화두話頭가 되고 있는 5G통신시대의 첨단 세상을 이야기하고 있는 가운데, 사람들 사이의 소통을 가능하게 해 주는 통신수단이 언제부터 어떻게 변해 왔는지 그 감동의 순간을 살펴보기로 한다.

전신 발명 → 전화 발명 → 무선전신 발명 → 무선이동전화 발명

[1] 전신(Telegraph, 電信)

1809년 독일의 폰 죄머링S.T Von Smmerring이 물 전기분해장치를 이용한 전신기를 개발하여 인류 최초로 전기에 의한 통신의 시발점이 되었다. 1837년에는 영국의 휘트스톤Charles Wheatone과 쿠크W. F. Cooke가 문자가 새겨진 회로판 위의 스위치를 조작하여 5개의 바늘로 문자를 가리키게 하는 바늘전신기를 발명하였다. 1839년에 리버풀과 맨체스터를 연결하는 철도회사에 설치된 것이 최초로 상용화된 전신시스템으로 평가받고 있다.

우리가 전쟁영화나 첩보영화를 통해 잘 알고 있는 모스부호점과 선으로 된 기호를 만들어 시공時空을 초월한 통신이 가능하게 한 사람은 미국의 새뮤얼 모스Samuel F. B. Morse, 1791-1872이다.

1832년, 새뮤얼 모스는 유럽에서 뉴욕으로 항해 중에 그 배에 탄 전기학자인 잭슨Chareles Jacson이 선상船上에서 사람을 모아 놓고 전자석 실험을 하는 것을 보게 되었다. 그때 모스는 전자석을 이용하면 먼 곳까지 신호를 보낼 수 있을 것이라는 생각을 했고 결국 점dot과 줄dash로 이루어진 부호를 사용하면 어떨까 하는 구상을 하게 되었다. 항해가 끝나고 뉴욕으로 돌아온 모스는 주위 과학자들의 도움을 받아 전신기를 개발하였고 1837년 전신기에 대한 특허를 받았다.

모스는 1845년에 마그네틱 전신회사Magnetic Telegraph Company를 설립했고, 이러한 전신서비스의 시작은 미국이 국제적으로 경쟁력을 확보하는 계기가 되었다. 신문사와 군대에 이어 금융시장과 철도 회사도 전신을 적극 활용했다. 미국은 이 시기에 전신망을 구축하여 활용하였으며, 이는 미국이 오늘날과 같이 정보와 금융시장에서 막강한 국제 경쟁력을 가질 수 있게 된 원동력이 되었다.

한편 윌리엄 톰슨William Thomson은 1866년에 대서양을 횡단하는 케이블을 구축하였고, 그 후 약 100년 동안 미국과 유럽을 연결하는 핵심적인 통신시설로 활용되었다. 영국, 독일, 프랑스와 같은 유럽의 제국주의 국가들은 해저 전신을 이용하여 식민지를 효과적으로 통치할 수 있었다.

19세기 말 전신은 세계를 잇는 중요한 통신수단으로 부상했고 전신망에 이상이 발생할 경우에는 국민의 일상생활이 마비가 될 정도였다. 전신은 오늘날 글로벌 네트워크의 대표격인 인터넷에 빗대어 '19세기의 인터넷'으로 평가되기도 한다.

[2] 전화(Telephone, 電話)

전신은 부호를 전기신호로 바꾸어 전달하고 다시 부호로 재생하는 원리였으나 전화Telephone는 목소리를 전기신호로 바꾸어 전달하고 다시 소리로 재생하는 것으로 멀리 떨어진 사람과도 대화가 가능하게 되었다.

전화는 전신과 비슷한 시기에 많은 사람들이 음성전달 기술을 연구하며 발전되어 왔다. 그중에 알렉산더 그레이엄

벨Alexander Graham Bell. 1847-1922이 처음으로 전화를 발명한 사람으로 알려져 있다. 벨은 1876년에 전화기 특허 등록을 했으며 자신이 발명한 전화기를 1876년 미국 독립 100주년을 기념한 필라델피아 박람회에서 소개하였다. 당시 브라질 황제 페드루Pedro 2세가 박람회장을 찾았다가 전화를 보고 "이 물건이 말을 하네."라며 크게 놀랐다고 한다. 그해 11월에 벨은 미국 독립 100주년 박람회가 수여하는 상을 받았다.

그 이후 1877년 7월에 벨은 친구들과 함께 벨 전화회사Bell Telephone Company를 설립했고, 1885년에는 다른 기업들을 합병하여 미국 전신 전화회사American Telephone & Telegraph, AT&T가 되었다. AT&T는 1892년에 뉴욕과 시카고를 전화로 연결하였고, 1915년에는 뉴욕과 샌프란시스코 사이의 대륙횡단 전화 통화에 성공하였다.

1893년에 벨의 특허가 만료되며 많은 기업들이 전화 사업에 뛰어들었다. AT&T가 업무용으로 전화 사업을 발전시킨 반면, 새로운 기업들은 일반인 사이에서 안부를 전하고 이야기를 나누기 위한 수단으로서의 전화 사업을 활용하기 시작했다. 이러한 전화의 용도로 말미암아 시스템에도 변화가 일어나

전화 교환수가 수동으로 교환해주는 방식에서 자동교환방식으로 자동 다이얼 전화시스템이 정착되게 되었다.

이후 전화기는 지속적인 발전을 하여 다이얼식에서 푸시버튼식Push Button Type 전화기로 발전되었다. 전화선을 사용하던 기존 전화와는 달리 인터넷을 사용한 인터넷전화도 개발되어 한때 인터넷만 되면 요금이 공짜인 전화로 인기가 많이 있었다. 지금은 휴대전화 로밍Roaming, 해외에서도 휴대폰 통신 및 문자, 데이터를 이용하는 서비스이 일반화되었지만 2000년대 후반에는 인터넷전화가 장기간 해외로 나가는 사람들의 필수적인 물건이었다. 당시에는 비싼 요금을 감당할 수 없어 로밍은 하지 못했고 인터넷전화는 기본료만 지급하면 추가 비용 없이 사용할 수 있어서 인기가 있었다.

[3] 무선전신(Radio Telegraph)

21세기 정보 통신 시대를 연 많은 발명 가운데 하나는 1895년에 굴리엘모 마르코니Gugleilmo Marconi, 1874-1937가 발명한 무선 전신이다. 전신기나 전화와 마찬가지로 많은 과학자들이 당시 유선전신의 한계를 극복하기 위한 무선전신의 개발에 도전하였다. 그중 마르코니는 제임스 클라크 맥스웰James Clerk Maxwell의 전자기파에 대한 수학적 연구, 전자기파를 전송시킨 하인리히 헤르츠Heinrich Hertz의 실험, 번개와 전기에 대한 올리버 로지Oliver Lodge의 실험 등을 연구하며, 1895년 자신이 만든 실험 장치로 약 2.4km 거리까지 신호를 무선으로 전송하는 데 성공했다.

1896년에 영국에서 무선전신 기술에 대한 특허를 획득하여 이듬해에 세계최초의 무선전신회사를 설립하였고 1898년 도버해협에서 50km 거리의 송신에 성공하며 영국과 프랑스 간의 국제적인 무선 전신 시대를 열었다.

1909년에 마르코니는 무선전신을 개발한 업적을 인정받아 독일의 카를 브라운Karl Ferdinand Braun, 1850-1918과 공동으로 노벨 물리학상을 수상했다. 그의 기술은 재난이 발생했을 때 많은 사람을 구하는 데도 큰 힘을 발휘했다. 1912년 영국에서 미국으로 첫 항해에 나선 초호화 여객선 타이타닉호가 빙산에 충돌하여 침몰하기 직전 승무원이 무선전신으로 보낸 SOS를 그 근처를 지나던 선박이 수신하여 700여 명의 생존자를 구할 수 있었다.

처음의 무선전신은 음성이나 음악은 전송하지 못하고 모스 부호만 전송하였다. 그러나 1904년 이극二極 진공관의 보급으로 소리의 전송 및 송신을 가능하게 하는 큰 발전이 이루어졌다.

[4] 휴대전화 (Cellular Phone, Mobile Phone)

미국의 통신회사인 AT&T와 모토로라Motorola는 1950~1960년대에 이동통신 분야에서 치열한 경쟁을 벌였다. 당시 개발된 이동통신은 자동차의 전원電源을 이용한 카폰Car Phone이 주류였고 AT&T는 카폰Car Phone 개발에 주력했으나 모토로라의 마틴 쿠퍼Martin Cooper는 통신의 미래는 휴대전화라고 보고 휴대전화 개발에 몰두했다.

세계 최초의 휴대전화는 1973년 모토로라의 마틴 쿠퍼 박사와 그의 연구팀이 개발에 성공하였으며, 이로부터 10년 후 최초의 상용 휴대전화인 다이나택 8000X DynaTAC 8000X을 발매하였다. 무게는 약 794g에 벽돌만한 크기여서 일명 '벽돌폰 Brick Phone'이라 불렸다.

1989년 플립타입Flip Type인 모토로라의 마이크로택 MicroTAC이 발매되었고 1992년에는 노키아가 바Bar타입의 휴대폰 노키아 1011Nokia 1011을 발매했다. 모토로라가 1세대 통신방식을 사용한 반면, 노키아의 1011폰은 2세대 통신인 GSMGlobal System for Mobile Communications방식을 사용했다. 모토로라에서 1996년 최초의 폴더폰Folder Phone인 스타택StarTAC을 출시했으며 디자인과 기능이 우수하여 세계적으로 6,000만 대 이상 판매되었다.

그 이후 휴대폰 시장이 커지며 경쟁이 심하게 되었고 삼성의 애니콜, LG의 초콜릿폰, 샤인폰 등 한국 제품도 세계적인 인기를 누리게 되었다. 이 당시 휴대전화는 전화기로서의 기능을 최우선으로 하고 기타 부가기능을 편리에 맞게 추가한 피처폰Feature Phone. 다기능전화기이었으나, 애플이 2007년 모바일 운영체계Operating System를 사용한 아이폰을 발표하면서 스마트폰Smart Phone의 시대를 열게 되었다.

아이폰의 등장은 휴대전화 업계의 판매 순위를 뒤바꾸어 놓았으며, 휴대전화 사용패턴을 완전히 바꾸어 놓았다. 전화기능이 주였던 기존의 휴대전화에서 다양한 휴대전화용 앱

Application을 이용하여 많은 기능들을 사용할 수 있게 되었다. 또한 앱의 개발과 판매를 앱 장터Application Store를 통해 자유롭게 할 수 있게 되었다. 이러한 비즈니스 생태계는 새로운 콘텐츠 산업을 구축하게 되어, 통신기술의 발달과 함께 다양한 콘텐츠가 모바일용으로 개발·활용되는 계기가 되었다.

module 03

과학 발전의 파이어니어, 통신 세대 꿰뚫기
| 통신 세대 구분

이동통신 서비스는 1세대1G부터 시작하여 4세대4G, LTE를 거쳐 현재 차세대 통신이라 하는 5세대에 진입해 있다. 이동통신은 세대G로 구분되며 여기서 'G'는 'Generation'의 약자로 '세대'를 의미한다. 세대를 구분하는 것은 기본적으로 전송속도이며 국제연합 산하의 '국제전기통신연합ITU'이 결정한다. 전송속도가 빨라질수록 함께 전송할 수 있는 정보의 양과 종류도 달라지기 때문이다. 또한 휴대전화에서 사용할 수 있는 기능도 강화되고 있다.

[1] **1G** (1세대 이동통신)

1세대 이동통신은 아날로그 이동통신이라고 부르며 음성 통화만 가능했다. 우리나라에서는 1984년 한국이동통신이 처음으로 상용화하였으며 무전기 폰이라 불리는 단말기로 사용되었다. 이 휴대폰은 일명 벽돌폰으로 지금도 1980년대 영화를 보면 긴 안테나가 달린 벽돌만한 휴대폰을 사용하는 모습을 종종 볼 수 있다. 시대에 맞지 않게 어색해 보이는 영화의 한 장면이지만 그 당시에는 매우 고가여서 일반인들은 사용할 수 없었다.

전송속도는 10Kbps로 데이터 전송은 불가능했으며, 사용하는 주파수는 200MHz~900MHz이었다. 1세대 이동통신 전송 기술을 아날로그Analog라고 하게 된 것은 음성을 전송하기 위해서 사용하는 주파수 변조방식Frequency Modulation, FM이 아날로그였기 때문이다. 아날로그방식은 주파수에 혼선이 생기고 주파수를 효율적으로 관리하지 못한다는 단점이 있었다.

[2] **2G** (2세대 이동통신)

    2세대 이동통신은 기존의 음성을 디지털 신호로 변환해 사용하는 디지털Digital방식이다. 1세대 통신보다 훨씬 적은 데이터 용량으로 더 깨끗한 통화품질을 제공할 수 있게 되었다. 2세대부터는 유럽식 GSMGlobal System for Mobile communication, 범 유럽 이동통신과 북미식 CDMACode Division Mutiple Access, 부호분할다중접속 등으로 기술방식이 다양화된다. 국내에서는 1996년 CDMA방식의 2세대 이동통신 시대가 처음 열렸다. 당시 퀄컴Qualcomm의 CDMA기술을 한국이 최초로 상용화하면서 CDMA가 GSM과 쌍벽을 이루는 이동통신 기술로 발전하는 계기가 되었다.

    CDMA는 한 주파수를 여러 사람이 나누어 사용하는 것으로 당시 기술의 주류였던 유럽의 GSM방식과 구별된다. CDMA는 통화품질이 아날로그보다 우수하고 보안성도 높아진 것이 특징이다. 또 속도가 빠르지는 않지만 이때부터 문자 메시지나 벨소리 다운로드 같은 저속의 데이터 서비스가 가능해졌다.

2세대는 음성 통화 외에 문자 메시지, 이메일 등의 데이터 전송이 가능해진 것이 가장 큰 특징이고, 데이터 전송속도는 9.6Kbps~64Kbps 정도이다. 이때부터 정지화상 전송이 가능해졌다. 또한 2세대를 계기로 국내 이동전화 시장이 비약적으로 성장하고 휴대폰 산업도 글로벌 경쟁력을 갖추게 되었다. 휴대전화기의 형태도 제법 지금의 휴대전화와 비슷한 모양의 소형제품이 출시되며 바야흐로 이동통신다운 휴대전화시대로 진입하게 된다.

[3] 3G (3세대 이동통신)

2000년에는 ITUInternational Telecommunication Union, 국제전기통신연합에서 3세대 기술표준으로 'IMT2000 International Mobile Telecommunication 2000'을 정하여 3세대 이동통신 시대를 맞이하게 되었다. 이때부터 휴대폰을 통해 음성, 문자는 물론이고, 무선 인터넷을 통해 양방향 통신과 주문형 비디오, MP3 등이 다운로드 가능한 시대가 열렸다.

IMT2000은 CDMA2000-1X^{2}를 기술표준으로 하여 2000년도에 발표하였고, 퀄컴사는 더 진보된 CDMA2000-1X EV-DO^{3}를 발표하여 2002년에 한국에서 세계 최초로 상용화하였다. 또한 우리나라 토종기술인 WiBro^{4}해외에서는 WiMax를 2006년 세계 최초로 상용화하였고, 2007년 ITU로부터 6번째 3G기술 표준으로 채택되었다. 3G세대는 미국식 동기식 CDMA2000, 유럽식 비동기식인 WCDMA, 한국자체기술인 WiBro 등 다양한 통신기술이 패권을 잡기 위해 경쟁하던 시기였다.

3G는 2GHz의 주파수 대역을 이용해 144Kbps~2.4Mbps의 전송속도를 제공한다. 문자·음성·동영상 등 멀티미디어 데이터를 유선 인터넷과 비슷한 속도로 즐길 수 있고, 영상통화도 가능해 2012년 4G통신이 등장하기 전까지 보편적으로 사용되었다.

----

2 CDMA2000-1X(Code Divided Mutipulex Acess, 코드분할 다중접속): 퀄컴사의 3세대 통신을 위한 음성 위주용 무선 통신기술

3 CDMA2000-1X EV-DO(Evolution-Data Optimized): CDMA2000-1X와는 달리 고속, 고용량 데이터의 전송만을 위해 최적화된 무선 통신기술

4 WiBro(Wireless Broadband Internet): 무선광대역 인터넷

[4] 4G (4세대 이동통신)

4G에서는 휴대용 단말기를 이용해 전화를 비롯한 위성망 연결, 무선랜Wireless Local Area Network 접속, 인터넷 간의 끊어짐이 없는Seamless 이동 서비스가 가능하다. 3G보다 전송 속도가 수십 배 이상 개선된 빠른 통신 속도를 바탕으로 동영상 전송, 인터넷 방송 등의 다양한 멀티미디어 서비스를 지원한다. 그리고 음성, 영상, 데이터가 한꺼번에 처리되는 서비스가 가능해져서 음성전화 통화, 고화질TV시청, 인터넷 접속을 동시에 할 수 있다.

4세대의 이동통신의 핵심키워드는 속도다. 물론 정확하게는 데이터 전송속도다. 모든 기술역량을 집중하여 전송속도를 올려왔다. 4세대에서는 초기에 미국, 한국의 방식인 와이브로WiBro 혹은 WiMax와, 유럽 표준인 LTE Long Term Evolution가 경합을 벌였지만 2011년 7월 LTE로 통합되며 더 이상 경쟁은 의미 없게 되어버렸다. 결국 와이브로는 사업을 접게 되었으며 LTE의 속도를 높이기 위한 연구가 계속되었다. 2012년 1월 국제전기통신연합ITU은 LTE를 보다 진화시킨 LTE-advanced를 4G 국제표준으로 채택하였다.

LTE-advanced는 채널을 합쳐서 속도를 올리는 기술인 CA[5]와 근거리에서 속도를 올리기 위한 모뎀 기술인 OFDMAOrthogonal Frequency Division Multiplexing Access, 직교주파수 분할다중접속의 채택, 멀티 안테나 적용, 그리고 WiFi 등 기존 망과의 통합을 위한 All IP 패킷망[6]의 구현이다. 이때 전송속도는 이동 시 100Mbps, 정지 시 1Gbps이다. 이는 MP3 음악파일 100곡의 다운로드를 2.4초, CD 1장의 800MB짜리 영화 한 편을 다운로드하는 데 6.4초면 되는 것이다.

이러한 기술은 싱글칩single chip화 되어 휴대폰 제조 회사에서는 차별화 기술이 될 수 없고 오히려 APUAccelerated Processing Chip, 가속처리장치의 연산속도가 성능의 차이를 가지게 되었다. 이러한 기술의 통합은 단말기 제조사별 글로벌 무한 경쟁 체계로 돌입하게 되었으며 오히려 4세대 통신을 이용하는 이용자나 이를 활용하는 기업의 입장에서는 기술적 한계와 장벽이 사라진 완전한 글로벌 단일 시장이라는 기회가 열린 것이다.

----

5 CA(Carrier Aggregation, 주파수묶음): 서로 다른 주파수대역을 묶어 하나의 주파수처럼 속도를 올리는 기술

6 All IP 패킷망: IP를 기반으로 기존의 서로 다른 망들이 하나로 통합된 망

4차 산업혁명
에센스

속도의 증가는 영상 콘텐츠Contents를 활용하는 시대를 열었다. 기존에 문자와, 소리가 주된 콘텐츠였다면 이제는 영상이 대량으로 제작되고 대량으로 소비되는 시대가 되었다. 넷플릭스Netflix, 유튜브Youtube, 트위치Twitch 등 4세대 이동통신의 빠른 전송속도를 이용하여 성공한 회사가 속속 등장하게 된다.

[5] 5G (5세대 이동통신)

앞에서 본 바와 같이 우리는 아날로그세대1G를 거쳐 디지털세대2G, 데이터 통신3G, 광대역모바일 네트워크4G까지 진화해 왔다. 이를 정리해보면 다음과 같다.

〈 우리나라 이동통신의 진화 〉

구 분	1G	2G	3G	4G	5G
상용시기	1984년	1996년	2002년	2011년	2019년
최고속도	-	144Kbps	14Mbps	1Gbps	20Gbps
주요서비스	음성	음성,문자, 저속인터넷	음성, 영상통화, 고속인터넷	HD음성, 고화질동영상, 초고속인터넷	HD음성, 가상현실, IoT, 자율주행차
비고	휴대전화 가능	세계최초 CDMA 상용화	세계최초 MA2000- 1X, EV-DO 상용화	세계최초 LTE-A 상용화	세계최초 5G 상용화

지금도 4G LTELong Term Evolution만으로도 영상을 즐기는 데는 문제가 없다. 음악은 물론이고 영상까지 다운로드에서 스트리밍 서비스로 바뀌었다. LTE 휴대전화만 있으면 인터넷 모바일 뱅킹, 결제, 신분인증, 음악, 동영상, 뉴스, 모바일 쇼핑, 배달, 내비게이션 등등 앱 설치만으로 서비스가 가능한 세상이 되었다. WiFi와 연계하여 고속전철을 이용 중에도 끊기지 않고 전화와 동영상을 즐길 수 있고 지하에서도 건물 내에서도 당연히 서비스를 이용하는 데 문제가 없다.

그런데 굳이 더 빠른 데이터 전송속도가 필요할까?라는 의문을 가지게 된다. 물론, 5G 서비스에서도 이런 '속도' 진화의 패턴은 유지되고 있다. 5G 통신 속도가 4G보다 20배나 빠르다는 점은 이 사실을 잘 말해준다. 하지만 5G에서는 고속뿐만 아니라 4차 산업혁명을 뒷받침할 수 있는 특성까지 제공한다는 점에서 차이가 있다.

최근 회자膾炙되고 있는 4차 산업혁명은 로봇이나 인공지능을 활용하여 실제의 세계와 가상의 세계를 넘나들며 인간의 생활이나 산업에 큰 영향을 미칠 만한 서비스와 솔루션을 탄생시킬 것으로 예상된다. 이미 여러 분야에서 가능성을 많이 보여 주고 있다. 이로 인해 우리의 생활 전반에 걸쳐 큰 변화가 일어날 것이다. 4차 산업혁명 중심에 5G네트워크가 있으며 이를 위해 요구되는 통신기술을 만족시켜야 한다.

5G이동 통신 시스템은 기본적으로 트래픽Traffic 증가, 디바이스Device 수 증가, 클라우드Cloud 컴퓨팅 의존성 증가, 다양한 5G기반 융합서비스 등장 등 산업화 사회로 변모해 가는 최근의 주요 메가트렌드Mega Trend를 필수적으로 고려하여, 수용할 수 있는 무선 연결 제공을 목표로 한다.

5G기술의 특징은 4G 대비 20배 빠른 통신 속도 외에 광대역서비스고속/고용량, 초연결대량연결, 초고신뢰/초저지연 통신을 제공한다. 이러한 기술의 방향이 어떤 의미가 있으며 어떤 변화를 가져오는지 살펴보기로 하자.

module 04

이것이 알고 싶다,
초고속·초연결·초저지연
┃ 5G통신의 특성

[1] 초고속/대용량(eMBB : enhanced Mobile Broadband)

이것을 다른 표현으로 하면 초광대역 서비스로 이해할 수 있다. 일반적으로 우리가 지금 즐기고 있는 2D 동영상영화은 기존의 LTE로 충분히 데이터용량을 처리할 수 있다. 그러나 가상현실VR이나 증강현실AR, 홀로그램 등 대용량이 필요한 콘텐츠를 즐기기 위해서는 4G보다 빠른 전송속도가 필요하다. 5G는 사용자당 최소 100Mbps에서 최대 20Gbps까지 훨씬 빠른 데이터 전송속도를 제공한다.

예를 들면 15GB사이즈의 고화질 영화 1편을 다운로드할 때 500Mbps 속도의 4G는 240초15GB×8÷0.5Gbps=240초가 걸리지만 20Gbps 속도의 5G에서는 6초15GB×8÷20Gbps=6초가 소요된다. 특히 기지국 근처의 신호가 센 지역뿐만 아니라 신호가 약한 지역에서도 100Mbps급의 속도를 제공하는 것을 목표로 하고 있다. 이렇게 되면 한 장소에 수만 명이 오가는 번화가나, 주요 경기가 열리는 경기장같이 사용자가 밀집된 장소에서도 끊임없는 고화질 스트리밍 서비스가 가능하게 된다.

최근 통신사들이 5G 서비스로 AR, VR에 관련된 콘텐츠를 많이 소개하고 있고 더욱 활성화될 것으로 예상된다. 이는 4G보다 수십 배 빠른 고속·고용량 즉 초광대역 통신 서비스가 가능하게 되어 현실감 있는 생생한 콘텐츠를 언제 어디서나 스트리밍으로 즐길 수 있게 되는 것이다.

[2] 초연결(mMTC: massive Machine-Type Communications)

한마디로 대량연결이 가능하다는 것이다. 앞으로는 수많은 모바일 기기와 각종 가정용, 산업용 IoTInternet of Things 기기들이 상호 연결되어 동작을 하게 된다. 산업이 고도화 될수록 해당 서비스와 연결되는 기기의 수가 많아지게 된다. 5G에서는 1km² 면적당 1백만 개의 연결을 할 수 있도록 정의하고 있으며 이는 4G LTE의 10배에 해당한다.

5G시대에는 사람과 사물뿐만이 아니라 기계와 로봇, 자동차, 기기IoT들 간에 네트워크로 연결된 다양한 융·복합이 가능하며, 엄청난 양의 지식들을 클라우드에 저장할 수 있다. 이를 기반으로 한 새로운 서비스들이 지금보다 더욱 활성화 될 것이다.

[3] 고신뢰·초저지연
(Ultra Reliable & Low Latency Communication)

5G는 통신응답의 지연속도가 1ms1,000분의 1초로 기존 4G에 비해 10분의 1 이하로 줄어들게 되어 로봇 원격 제어, 자율주행 차량, 실시간 인터액티브Interactive 게임 등 실시간 반응속도가 필요한 서비스가 가능해진다. 이는 실시간으로 들어오는 정보를 즉각 처리할 수 있어 지금까지 통신지연으로 인해 불가능했던 새로운 서비스의 개발이 가능하게 되었다.

시속 100m/h 자율주행 차량이 긴급 제동 명령을 수신하는 데 걸리는 시간을 예로 들면 4G에서 50ms 지연을 가정할 경우 1m 차량 진행 후 정지 신호를 수신하는 반면 5G에서 1ms 지연을 가정하면 2.8cm 차량 진행 후 정지 신호를 수신하게 되어 정밀한 운전제어가 가능하게 된다.

5G시대에는 '커넥티드 카'Connected Car 기술을 통해 V2X Vehicle to Everything 통신의 신뢰도가 높아져 자율주행이 가능하게 된다. 자율주행이 되면 자동차는 운전자가 책을 보거나 영화를 보는 편의 공간, 사무 공간, 개인 소통 공간으로 이용될 것이다. 이때 운전자가 안전하고 쾌적하게 이동하기 위해서는 자동차가 실시간 교통정보를 분석해 스스로 빠른 길을 찾아가고 교통 신호 시스템은 물론 주변의 위험요소를 파악해 즉각 대응할 수 있어야 한다. 바로 이때 5G는 지연이 없는 초저지연통신과 고신뢰성을 확보한 통신 서비스를 제공할 수 있다.

5G는 이 밖에도 오류나 지연이 있어서는 안 되는 의료시스템, 보안시스템, 운송시스템, 정밀 생산공정 시스템 등 여러 분야에 필수적인 기술인 것이다. 4G LTE와 5G의 기술적 차이를 ITU International Telecommunication Union, 국제전기통신연합의 자

료를 통해 보면 아래와 같다.

〈 4G와 5G의 기술적 차이 〉

구 분	4G	5G
최대 전송속도	1 Gbps	20 Gbps
사용자체감 전송속도	10 Mbps	100 Mbps ~ 1,000 Mbps
주파수 효율성	1	x3 (4G대비 3배)
면적당 데이터 처리용량	$0.1Mbps/m^2$	$10Mbps/m^2$
최소 지연시간	10ms	1ms
최대 기기연결수	$100,000/km^2$	$1,000,000/km^2$
에너지 효율성	1	x100 (4G대비 100배)
고속 이동성	350km/h	500km/h

module 05

이것만은 알아두자,
mmWave(미리미터파)
| 5G를 가능하게 해주는 기반기술

[1] 더 넓은 주파수 대역 그리고 초고주파수 대역까지 사용

5G 표준은 빠른 속도와 새로운 서비스가 가능하도록 4G보다 더 넓은 주파수 대역을 정의하고 있다. 그러나 5G 서비스를 구현하는 데 필요한 주파수 용량에 비해 기존 사용 중인 주파수 대역 이외의 사용 가능한 주파수 영역이 부족하기 때문에 새로운 주파수를 찾게 되었고 그 결과 밀리미터파mmWave 대역이 도입되게 되었다.

5G 주파수 대역은 크게 6GHz 이하의 대역과 6GHz 이상의 대역으로 용도를 구분할 수 있다. 우리나라는 6GHz 이하 대역으로는 3.5GHz를, 6GHz 이상 대역에서는 28GHz를 사용한다. 또한 비면허 대역인 6GHz대역도 연동하여 사용할 수 있도록 하고 있다. 우리나라에서는 2022년 상용화를 목표로 6GHz대역을 비면허 주파수로 공급한다.

5G의 주파수 대역을 4G LTE주파수 대역Band과 폭Width을 비교해 보면 큰 차이가 있음을 알 수 있다.

〈 4G와 5G의 주파수 비교 〉

서비스	사용 주파수 대역(폭)
4G LTE	850MHz, 900MHz, 1.8GHz, 2.1GHz, 2.6GHz(각 주파수별 20MHz)
5G	3.5GHz(300MHz), 28GHz(1GHz)

28GHz와 같은 초고주파 주파수 대역은 대부분의 나라에서 사용 빈도가 낮은 대역으로 새롭게 경작할 영토와 같다. 국가별 주파수 정책에 따라 다르겠으나, 향후 수백 MHz~약 1GHz 정도의 초광대역폭이 할당될 수 있을 것이다.

우리나라는 세계 최초 5G상용화를 통해 이룩한 5G강국强國 이미지를 더욱 확고하게 하기 위해 2019년 12월 5일 정부주도의 '5G+스펙트럼플랜'을 발표하였다. 기존의 5G 주파수 폭을 2019년 2,680MHz에서 2026년 2배인 5,320MHz로 확대하여 산업다방면에 걸쳐 5G를 사용할 수 있도록 하였다.

5G는 저속 광역망廣域網에 해당하는 6GHz 이하 주파수 대역과, 초고속 근거리 망에 사용하는 밀리미터파mmWave 대역으로 나뉘어져 있다. 6GHz 이하 대역은 밀리미터파 대역에 비해 투과율이 좋기 때문에 전국망 구축을 위한 커버리지 확장용으로 쓴다. 대역폭은 밀리미터파에 비해서 작기 때문에 100MHz vs. 800MHz 속도는 상대적으로 낮다. 그래서 5G 전국망 구축용으로는 6GHz 이하Sub 6GHz, 속도가 많이 필요한 도심밀집 지역이나 운동경기장 같은 특정지역Hot Spot에는 밀리미터파를 사용하게 된다.

4G LTE시대까지는 밀리미터파mmWave 대역은 고려 대상이 아니었다. 왜냐하면 고대역高帶域 주파수는 전파손실이 크고 직진성이 강해서 고층건물과 같은 장애물의 영향을 많이 받기 때문이다. LTE주파수 대역인 2.6GHz대역이 지금까지 가

장 높은 고대역 주파수였다.

밀리미터파의 전송 손실은 어떤 경우에 발생할 수 있을까? 외부 기지국 안테나에서 발사된 전파가 주택이나 빌딩 안에 있는 가입자에게 서비스를 할 때에 밀리미터파가 건물 벽을 투과하면서 손실될 수 있다. 그리고 건물 뒤쪽에 있는 가입자에게 서비스할 경우 건물에 의해 가려져 전파가 휘어짐으로 인한 손실이 발생할 수 있다. 또한 건물뿐만 아니라 기지국과 단말 간에 사람이 있을 경우에도 신체에 의해 전파가 손실될 수 있다. 특히 비나 눈이 오는 날, 대기 오염이 심한 날에는 대기 중에 있는 물 입자나 먼지 입자에 의해서도 전파가 손실될 수 있다.

그렇다면 밀리미터파가 갖는 장점은 무엇일까? 밀리미터파는 주파수가 30GHz~300GHz이며, 파장이 1~10mm인 전자기파이다. 빛에 아주 가까운 전파로 기존 마이크로파 대비 통신 용량이 커지며 파장이 짧아 통신회로 및 부품의 소형화가 가능해지는 장점이 있다. 전파특성으로 인해 저대역低帶域 주파수의 안테나보다 크기를 작게 만들 수 있다. 즉 건물에 더 작은 안테나를 설치할 수 있고, 좀 더 많은 안테나 시설을 갖출 수 있다. 이를 통해 서비스 지역을 세분화할 수 있고 인구 밀집 지역 등 특정 지역Hot Spot만을 위한 안테나 시설도 가능하다. 특정 지역을 서비스하는 통신 신호도 만들 수 있다.

[2] 빔포밍(Beamforming): 커버리지 개선 기술

밀리미터파mmWave는 데이터 속도를 높이는 데는 유리하지만 직진성이 강하고, 파장이 짧아 도달거리가 짧은 단점이 있다. 건물이 많은 지역이나 우천 시 공기 중에 있는 물방울에도 영향을 받게 되어 전송 속도가 느려지고 지하나 건물 고층으로 가도 영향을 받게 된다.

이러한 밀리미터파의 취약점을 보완하기 위한 여러 가지 기술들이 논의되고 개발되었는데, 그중 대표적으로 빔포밍Beamforming을 들 수 있다. 빔포밍 기술을 사용하여 밀리미터파의 전파거리가 짧은 특성으로 인한 커버리지Coverage. 이동통신 서비스를 이용할 수 있는 지역 이슈를 어느 정도 해결하고 안테나 크기를 줄일 수 있다.

빔포밍 기술은 많은 수의 안테나에 실리는 신호를 각각 정밀하게 제어하여 특정 방향으로 에너지를 집중시키거나,

또는 반대로 특정 방향으로 에너지가 나가지 않도록 조절이 가능한 기술로서 전파의 에너지를 집중시켜 거리를 늘리고 빔 Beam 간에는 간섭을 최소화시킬 수가 있다. 즉 기지국 안테나가 특정한 공간에 있는 사용자 그룹을 향해 전파를 집중해서 보내는 기술이다. 안테나를 많이 사용할수록 빔의 모양이 예리해져서 에너지를 더 집중시킬 수 있으나 휴대폰이 빠르게 이동하는 경우 이렇게 예리한 빔을 계속 정확하게 추적Tracing해야 하는 것이 기술의 관건이다.

[3] Massive MIMO(Mulit-Input Multi-Output) : 주파수 효율을 높이기 위한 기술

MIMO기술은 다중 입출력이 가능한 안테나 시스템으로, 한정된 주파수를 최대한 효율적으로 활용하기 위해 기지국과 단말기 간 전파를 주고받는 안테나 개수를 늘려 속도를 늘리는 기술이다. 3G에서는 기지국과 단말기 내 안테나가 1개씩 짝을 지어 데이터를 주고받았다. 이후 3GPP[7]등 국제 표준화 단체들이 여러 안테나로 동시에 데이터를 주고받는 MIMO

----

7 3GPP(3rd Generation Partnership Project): 이동통신 관련 국제 표준을 제정하기 위해 1998년 12월 창설된 이동통신 표준화 기술 협력 기구.

기술 표준화를 성공시켜 4G LTE에서는 기지국과 단말기가 각각 4개씩 안테나를 활용하는 4x4 MIMO 기술로 발전되었다. MIMO가 5G의 핵심인 이유는 안테나의 개수에 따라서 얼마든지 전송용량, 전송속도 등을 향상시킬 수 있기 때문이다.

5G에서는 주파수가 전파되는 공간을 분할함으로써 여러 사용자가 동시에 같은 주파수 자원을 이용하는 것을 가능하게 한다. 즉, 특정한 공간에 있는 소규모의 사용자들을 하나의 그룹으로 설정하고 이들에게 전체 주파수를 할당하게 되면 상대적으로 더 적은 사용자들이 주파수 대역을 공유하게 된다. 그리고 더 빠른 통신이 가능해지는 것이다. 사용자 그룹을 더 작게 만들 수 있다면 개별 사용자들이 각각 동시에 전체 주파수를 이용해서 통신하는 것이 가능하다. 이처럼 동일한 전파 자원을 수많은 안테나 배열Massive Antenna Array을 활용하여 동시에 여러 사용자 그룹을 대상으로 서비스할 수 있는 기술이다. 즉, massive MIMO는 2D array 안테나를 기반으로 3D 빔포밍을 생성하여 공간 자유도를 최대화하는 기술이다.

빔포밍 기술과 massive MIMO는 상호 작용함으로써 밀리미터파의 단점을 극복하고 전파의 손실을 막아 주파수 효율을 높일 수 있게 되었다.

[4] 네트워크 슬라이싱 (Network Slicing)

네트워크 슬라이싱 개념을 알기 쉽게 설명하면 하드디스크의 파티션Partition을 생각하면 된다. 물리적으로 하드디스크는 대용량을 가진 하나의 디스크지만 파티션을 통해 용도에 맞게 여러 개의 하드디스크로 분할할 수 있다. 이렇게 가상으로 분할된 디스크를 하나의 네트워크 슬라이스Slice라고 생각하면 된다.

즉, 네트워크 슬라이싱은 하나의 물리적인 네트워크 인프라를 다수의 독립적인 가상 네트워크Virtual Network로 분리한 후, 고객 맞춤형으로 각 서비스에 특화된 전용 네트워크를 제공하는 것이다. 각각의 네트워크 슬라이스는 가상화된 망 자원Network Resource을 제공받으며 완전히 독립적인 기능으로 운영된다. 한 슬라이스에 오류나 사이버 공격이 발생해도 다른 네트워크에는 영향을 받지 않는다.

기존의 4G까지는 이동통신망이 처리해 주는 단말이

주로 휴대전화이었기 때문에 4G로 진화할 때에 통신 속도를 높이기 위해 휴대전화에 최적화된 네트워크가 요구되었다. 그러나 5G 이동통신은 단순히 속도를 높이는 것뿐만 아니라 모든 산업에서 요구하는 다양한 특성을 갖는 서비스들을 제공해야 하는 필요성이 생겼다. 즉, 다양한 서비스들을 수용하면서 개별 서비스들의 서비스 품질을 보장하기 위해서는 서비스별로 서로 구분되는 네트워크를 이용해야만 했다.

그러나 5G에서는 네트워크 슬라이싱을 사용하여 하나의 큰 네트워크를 다양한 복수 개의 네트워크 리소스 요구 사항을 만족하는 논리적인 망網으로 분할할 수 있다. 즉, 물리적인 네트워크를 별도로 구축할 필요 없이 단일 인프라에서도 특정 요구분야에 최적화된 네트워크를 적용할 수 있는 것이다.

5G가 서로 다른 속성을 가진 사물인터넷망이나 Private 5G망[8] 등을 별도로 만들지 않아도 네트워크 슬라이싱을 통해 하나의 네트워크로 대응할 수 있다는 것은, 비용을 줄이고

----

8 Private 5G망(사설 5G망): 일반인들이 사용하는 공중망과는 달리 특정지역 또는 특정기업(공항, 항구, 병원, 물류센터, 지자체, 정부기관, 국정원, 발전소, 공장 등)에 속한 사람이나 기기·사물만을 연결하여 그 단체에 특화된 서비스를 제공함.

운영을 단순화하며 효율을 극대화할 수 있는 가치를 제공하는 것으로 모든 산업의 디지털화를 촉진시키는 기폭제Enabler가 될 것이다.

[5] NFV(Network Function Virtualization, 네트워크기능 가상화), SDN(Software Defined Network, 소프트웨어 정의 네트워크)

하나의 물리적인 5G 네트워크를 서비스 특성에 따라 여러 개의 가상 네트워크로 만들어서 사용하는 네트워크 슬라이싱Network Slicing에 반드시 필요한 기술이 NFV와 SDN이다.

NFV는 네트워크의 구성요소인 하드웨어와 소프트웨어를 분리하고 가상화 기반에서 소프트웨어로 네트워크 기능을 제공하는 기술이다. 즉, 물리적인 네트워크 설비의 기능을 가상화하여 여러 사용자 또는 장치와 나누어 사용할 수 있게 해주는 방식이다. 그러면 서버 한 대가 마치 여러 서비스를 구분하여 처리할 수 있는 여러 대의 가상 네트워크 장비가 되는 것이다. 이렇게 물리적 리소스Resource를 여러 가상 머신들이 공유하면 리소스 사용율이 높아져 효율적으로 사용할 수 있다. NFV의 가장 큰 이점은 하드웨어와 소프트웨어를 분리하여 이를 통해 네트워크 장비 운영비용 등을 절감하는 것이다.

NFV가 하드웨어 등의 기능을 가상화하여 구동하는 방식이라면 SDN은 사용자 데이터 전송부와 네트워크 장치의 제어부를 분리하는 개념이다. 일반적으로 네트워크 장비는 사용자 데이터 패킷 전송부와 데이터의 전송 경로와 방식 등을 결정하는 제어부로 구성된다. SDN은 네트워크 장치는 데이터의 전송부의 기능만을 가지게 하고, 대신 범용 서버에는 제어부의 기능을 부여한다. 이렇게 하면 하나의 제어부가 여러 개의 네트워크 장치를 제어할 수 있다.

SDN은 여러 네트워크 장비에 존재하는 동일한 서비스에 대한 가상서버들을 서로 연결함으로써 네트워크 슬라이싱을 완성하는 기능을 하게 되며 결과적으로 다양한 서비스 및 통신환경에 맞는 네트워크 설계가 가능하도록 한다.

NFV와 SDN은 서로 대비되는 개념이 아니라 상호 보완적이다. NFV는 프로그래밍 가능한 네트워크를 통해 작업성과 효율성 향상, 운영 및 유지보수에 도움을 주고, SDN은 네트워크 모니터링 및 관리, 트래픽 분석 등의 애플리케이션을 제공하게 된다.

[6] **NSA** (Non Standalone, 비독립형) **와**
SA (Standalone, 독립형)

2020년 3월 기준으로 지금은 5G가 목표로 하는 20Gbps의 통신 속도를 누릴 수가 없다. 2020년 3월 현재 기지국을 계속 설치 중에 있으며 실내에서의 전파손실 등을 감안하더라도 모듈 04장 1항에서 언급한 바와 같이 밀리미터파 대역의 28GHz가 도입되기 전까지는 당분간 LTE와의 함께 사용되기 때문이다.

이처럼 통신 속도를 높이기 위해서 5G 망과 4G 망을 함께 이용하게 되는데, 단말기의 관리나 이동통신 서비스의 제어 기능을 어디에서 구현하느냐에 따라 NSA방식과 SA방식으로 구분된다. NSANon Standalone. 비독립형는 단말의 이동성 관리 등을 담당하는 제어 채널의 동작은 4G LTE망을 활용하면서 사용자 채널에 해당하는 데이터 트래픽은 5G망으로 주고받는다. SAStandalone. 독립형구조는 제어 채널이나 데이터 채널 모두 5G의 자체 구조를 사용하는 구조이다. 두 가지 구조 모두 휴대폰은

4G, 5G 두 무선 접속을 동시에 지원하는 형태로 진화하게 된다.

　　　NSA는 5G 도입초기에 기존에 사용 중인 4G LTE를 활용하여 투자비용을 효율적으로 운영하며 5G 서비스를 도입하여 확산한다는 측면에서 긍정적이기 때문에 대부분의 국가에서 채택하고 있다. 2020년 2월 현재 우리나라의 이동통신사가 제공하는 방식은 5G NSA이고 순차적으로 4G와는 독립적인 5G SA로 전환될 것이다.

[7] 달라진 주파수 방식 TDD(Time Division Duplex, 시간분할방식)

　　　LTE 주파수를 보면 '업링크'와 '다운링크' 주파수가 나뉘어 있다. 이를 FDDFrequency Division Duplex, 주파수분할방식라고 한다. 스마트폰과 기지국이 서로 데이터를 주고받는 주파수가 달라 안정적으로 업로드와 다운로드를 할 수 있다는 장점이 있다. 그러나 스포츠 중계나 인기 드라마를 여러 사람들이 동시에 시청하는 경우처럼 다운로드 트래픽은 많지만 업로드 트래픽이 거의 없는 상황에서는 주파수 이용 효율이 떨어진다는 단점이 있다.

이와 다른 방식으로 TDDTime Division Duplex, 시간분할방식
방식이 있다. 이 방식은 다운로드와 업로드 시간을 정해서 하나
의 주파수 대역으로 데이터를 송수신한다. 따라서 많이 사용하
는 다운로드에 많은 시간을 할애한다면 그만큼 최대 다운로드
속도를 올릴 수 있다.

5G 주파수는 시간분할방식TDD이다. 그래서 LTE처럼
업링크와 다운링크 주파수가 분리되어 있지 않고 하나의 주파
수 대역만을 사용한다는 것이 특징이다. 전체 주파수 대역을 아
주 작은 타임 슬롯Time Slot으로 나누어 놓고 트래픽 상황에 따라
다운로드와 업로드시간을 변경해 가면서 유연하게 데이터를
업로드 및 다운로드 하게 된다. 데이터를 업·다운로드 할 때 시
간을 정해두고 교대로 데이터를 전송할 수 있어 주파수 효율이
높아지기 때문에 동일한 주파수 대역에서 더 많은 트래픽을 교
환하는 것이 가능해진다.

[8] 모바일 엣지 컴퓨팅(Mobile Edge Computing, MEC)

모바일 엣지 컴퓨팅이란 통신 서비스를 받고자 하는
사용자와 가까운 기지국에 서버를 설치하여 사용자의 데이터

를 처리하는 기술을 의미한다. 모바일 환경에서 트래픽 양이 급격하게 증가할 경우, 모바일 코어망의 트래픽 부담을 줄이고, 응답시간을 줄이기 위해, 사용자와 가까운 위치에서 서비스를 제공함으로써 전반적인 정보 전달 속도를 높이는 개념이다.

기존의 이동통신 시스템에서는 코어Core장치라 불리는 중앙통신센터의 트래픽 처리 장치를 이용해서 모든 통신을 제어했다. 이는 네트워크 시스템의 운영 및 관리적인 측면에서는 매우 합리적인 방법이었지만, 물리적으로 중앙통신센터와 멀리 떨어져 있는 사용자들이 서비스를 이용할 때는 트래픽의 전송 및 처리에 따른 지연을 수반했다.

특히, 5G시대에는 IoT 기기가 더 긴밀하게, 방대한 데이터를 주고받으면서 데이터 양이 증가할 것으로 보이며, 중앙의 데이터센터에서 모든 데이터를 처리하기가 어렵게 되었다. 이런 클라우드의 단점을 보완하기 위해 기기 자체 또는 주변에서 데이터를 분산 처리하는 '모바일 엣지 컴퓨팅Mobile Edge Computing, MEC'이 등장했다. 모바일 엣지 컴퓨팅이 적용되면 전송 시간이 비약적으로 단축되는 것은 물론이고 맞춤형 서비스가 가능해진다.

예를 들어, 자율주행차는 차량에 부착된 센서에서 실시간으로 수집된 데이터를 코어망까지 보내지 않고 MEC를 이용해 네트워크 지연이나 데이터 전송 오류 없이 주변 도로 상황, 차량 현황 등에 따라 신속한 대처가 가능하다. MEC는 실감형 미디어, 자율주행, 스마트팩토리 등 차세대 산업의 핵심 기술로 떠오르고 있다.

module 06

5G + Big Data + AI :
DX(Digital Transformation)
| 5G가 주는 의미

[1] 속도경쟁에서 M2M으로 진화

5G가 주는 대표적인 이미지는 4G보다 속도가 빠르다는 것이다. 지금까지 발전되어온 통신 속도가 우리 생활의 큰 변화를 이끌어 왔기 때문이다. 단순 음성통화에서부터 영상통화나 고화질 스트리밍서비스 등 큰 발전이 있었으며 개인 모바일로 인한 개인 오피스시대, 시간과 공간을 초월하여 세계 인류가 하나로 연결되는 지구촌 시대가 도래하게 된 것이다.

이러한 변화는 우리 삶을 바꾸어 놓았고 경제적인 생산성을 크게 높여 놓았다. 5G가 가져올 미래 세상은 이보다 더 큰 변화를 예고하고 있다. 4G시대까지는 모든 활동의 주체가 인간중심이었으며 경험을 중심으로 한 예측과 사실중심이었다. 앞으로 5G에서는 경험에서 가치를 창조하며 기계의 역할이 단순 반복이나 명령실행의 도구가 아니라 인간과의 협업으로 4차 산업혁명이 가져올 혁신의 중추적인 역할을 하게 될 것이다.

4차 산업의 DNA는 Data, Network, AI를 말한다. 모든 제품과 서비스가 네트워크로 연결되고 인공지능과 빅데이터에 의해 자율적으로 행해지게 된다. 초연결과 초지능이 결합하여 더 넓고 빠르게 더 큰 영향을 미치게 된다. 이 모든 변화는 5G로부터 시작된다.

5G의 가장 큰 특징은 사물인터넷의 연결이다. 5G의 기술적 특성으로 많은 사물과의 연결100만 개/km²이 지연 없이 가능해지며 실시간1ms으로 많은 데이터를 주고받을 수 있다. 지금까지 기존 기술로 불가능했던 영역들이 가능해진다. 지금까지 M2M통신Machine to Machine Communication은 극히 일부 기기에만 사용되었으나 사물인터넷의 확대로 디바이스Device가 점

차 확산되게 되었다. 각 사물Things에는 통신 모듈과 센서들이 장착되어 관련 기기와 통신한다. 기기들이 스스로 데이터를 수집하여 분석하고 그 결과를 가지고 디바이스나 설비 간에 소통하여 최적의 조건으로 스스로 필요한 조치를 할 수 있게 된다.

2020년 1월 미국 라스베가스에서 개최된 CES2020에서 전미全美소비자기술협회Consumer Technology Association. CTA가 '기술트렌드 2020'에서 발표한 7대 기술트렌드에 5G가 선정되었다. 5G를 기반으로 한 기업들의 IoT서비스가 미래사회에 큰 영향을 줄 수 있다고 보고 있다.

[2] 빅데이터와 인공지능의 시너지

최근 화두가 되고 있는 빅데이터는 우리에게 많은 것을 시사해 준다. 지금까지 우리의 경험과 추측으로만 시장동향, 고객취향을 분석해서 사업계획을 세우거나 고객 대응전략을 세워왔으나 이제부터는 개인의 소비성향과 생활패턴 등이 정확하게 분석되어 고객에 대한 맞춤형 서비스나 제안이 가능하게 되었다.

이제 빅데이터의 활용을 일반 고객이나 소비자에서 사물Things의 경우로 확장시켜 보자. 사물인터넷의 디바이스들이 센서를 통해 수집한 방대한 데이터가 통신모듈을 통해 서버로 전송되면 이를 인공지능이 분석하여 최적의 서비스나 솔루션을 제공하게 된다. 그뿐만 아니라 더 나아가서는 서비스를 담당하고 있는 제품이나 기기들에게 서비스나 기기의 상태가 최적의 상태가 되도록 지시하고 관리 감독하게 된다. 즉 인간이 개입하지 않더라도 디바이스나 장비 간 즉, Machine to Machine의 대화를 통해 일이 처리되고 진행될 수 있게 되는 것이다.

공상과학 영화에서 많이 보던 장면인 로봇과 대화는 물론이고 로봇의 도움을 받으며 일상에서 같이 생활하게 된다. 집안 전체가 시스템화되어 무인관리가 되고 아침에 일어나면 날씨와 일정, 주요뉴스를 알려준다. 자율주행 자동차를 타고 직장이나 일터로 향한다. 이동 중에 화상 전화로 약속을 잡고 회의를 하며 친구와 대화를 하거나 책을 보거나 음악을 듣거나 등등 하고 싶은 일들을 하면 된다.

의료부문에서도 원격진료는 환자의 방대한 진료데이터와 검사결과를 가지고 실시간 대응을 할 수 있어 외딴곳이나

접근이 어려운 곳에 있는 환자나 사고로 인한 환자에게 신속한
치료와 조치를 할 수 있어 생명을 구할 수 있게 된다.

이와 같이 5G 통신의 주요 기술특징인 초고속·고용량,
초저지연, 초연결 통신이 가져다 줄 미래의 사회상을 보면 엄청
난 변화를 예상할 수 있다. 이러한 변화는 아직은 피부로 느끼
지 못하고 있지만 5G 네트워크 인프라Infrastructure나 주변 기술
들이 고도화되면서 어떠한 전환점Turning Point에 이르면 순식간
에 4차 산업혁명이라는 꽃봉오리가 활짝 필 것이다.

[3] DX(Digital Transformation)

AI, IoT, Big data, Cloud Computing 등 정보통신기술
이 사회 경제 전반에 융합되어 혁신적인 변화가 나타나고 각 산
업 분야에서 기존과는 다른 변화가 예상되며 이에 따른 우리
의 삶과 경제활동의 패턴이 바뀔 것이다. 우리는 이것을 DX라
고 부른다. DX는 Digital Transformation으로 디지털 트랜스포
메이션 또는 디지털 전환을 의미한다. 경제 활동의 패턴과 비즈
니스 모델이 진화를 하는 것이다. 빅데이터 분석으로 고객의 소
리를 제대로 이해하고 고객에게 맞춤형 가치를 제공하는 Value

Chain 즉, 가치 사슬이 형성되는 것이다.

　　DX는 각각의 산업분야에서 그 분야에 맞는 구체적인 적용과 전개가 필요하다. 이를 위해서는 패러다임의 전환과 변화의 큰 흐름을 읽고 이에 대응을 할 수 있는 인사이트通察力, Insight가 필요하다. 기존의 마인드나 생활방식이 아닌 향후 5G로 인해 전개될 수 있는 새로운 세상에 대한 통찰과 도전이 요구된다. 어떤 분야가 새로운 기술로 인해 퇴색되고 어떤 분야가 각광받고 떠오를지 나름대로 고민하고 찾아보고 분석해서 준비하는 것이 필요한 것이다.

module 07

두근두근 5G, 우리를 놀라게 하는 것들 | 5G 서비스

[1] 실감미디어 서비스(AR, VR)

가상현실Virtual Reality, VR이란 어떤 특정한 환경이나 상황을 컴퓨터로 만들어서 그것을 사용하는 사람이 마치 실제 주변 상황이나 환경과 상호작용을 하고 있는 것처럼 만들어 주는, 실제와 유사하지만 실제가 아닌 인공 환경을 의미한다. 증강현실Augmented Reality, AR이란 실제 환경에 가상 사물이나 정보를 합성하여 원래의 환경에 존재하는 사물처럼 보이도록 하는 것을 의미한다.

AR·VR을 기반으로 실제 현장과 동일한 수준의 현장 재현을 통하여 사용자가 있는 장소 어디에서도 공연 현장과 거의 동일한 수준의 공연을 관람할 수 있다. 또한, 같은 공연을 현장에서 관람하고 있는 사람과 다른 장소에서 관람하고 있는 사람 간의 실시간 통신 및 상호작용Interaction이 가능하다.

현실 세계를 가장 실감나게 재현하고자 하는 차세대 미디어로 현재 사용하는 미디어보다 월등히 나은 표현력과 선명함, 현실감을 제공한다. 방송, 영화, 게임 등 엔터테인먼트 분야뿐만 아니라 컴퓨터 그래픽스, 디스플레이, 산업응용 등 다양한 분야에서 활용이 가능하다. 5G가 아니면 이런 서비스를 구성하기 위한 방대한 양의 데이터를 고속으로 지연 없이 전달하여 처리하기란 어렵다. 주로 일상생활에서 2D 영상이 대부분이었던 4G시대와는 달리 AR, VR을 활용함으로써 훨씬 몰입감을 높일 수 있다.

증강현실은 2016년 포켓몬고Pokemon GO라는 게임에서 경험을 해 보았다. GPS를 이용하여 위치정보를 확인하고 미리 프로그램된 캐릭터나 아이템을 카메라가 비추는 영상에 겹쳐서 띄우는 것이다. 이것은 아주 초보적인 증강현실AR을 이용한 게임이지만 5G를 이용하면 방대한 양이 들어가는 콘텐츠를 사용하여 더욱 실감나는 증강현실을 만들 수 있다.

AR·VR 등 실감미디어는 우리에게 아직은 익숙하지 않지만 생생하고 친숙한 미디어로 다가오고 있다. 태어날 때부터 모바일 폰이나 태블릿PC로 책을 보고 게임하며 자라나는 청소년세대에게 실감미디어는 너무나도 당연한 친구로서의 미디어가 될 것이다.

또한 기업에서는 소량다품종의 맞춤형 제품생산이 늘어나고 해외 이주 근로자 증가 등으로 외국근로자나 비숙련공들에게 작업지도나 기계 조작법, 비상시 조치법 등을 교육시키는 일이 필요하다. 이런 경우 실감미디어를 이용하여 효과를 높이고 있다. AR안경이나 VR HMDHead Mount Display를 착용하면 더 실감나는 교육을 할 수 있다. 또한 작업자가 실수로 잘못 조작하거나 매뉴얼대로 하지 못하면 바로잡아 주는 기능이 있어 교육효과를 더욱 높일 수 있다.

AR·VR은 의학 분야에서도 주목받고 있다. 수술 및 해부 연습 등에서 '카데바Cadaver. 해부용 시신' 없이도 실습을 진행할 수 있다. 또한 실제 수술 진행에 앞서 환자의 환부를 스캔한 뒤 VR을 통해 모의 수술을 진행함으로써 수술 성공률을 높일 수 있게 된다. 아울러 항공·군사 분야에서도 AR과 VR을 이용하는 시도가 이루어지고 있다. AR과 VR로 구현된 실제 상황과 유사한 훈련으로 군인 및 조종사의 전문성을 향상시킬 수 있을 것으로 보인다.

이러한 실감미디어는 어떠한 콘텐츠로 구성되어 제공할 것인가가 중요하다. 기술 자체는 5G로 말미암아 더욱 실감나게 구현 가능하게 되었으나 우리 생활에 필요한 콘텐츠나 즐길 수 있는 다양한 콘텐츠의 개발이 필요하다. 앞으로 여행이나 관광, 교육 등 다양하고 실생활에 밀접한 아이템과 콘텐츠가 상용화될 것으로 기대한다.

[2] 자율주행차(Autonomous Vehicle)

5G 하면 떠오르는 것이 자율주행차이다. 공상과학 영화나 미래사회를 예측할 때 반드시 등장하는 것이 자율주행차이다. 자율주행차는 우리가 꿈꾸던 미래 자동차의 최종 모습이다. 하지만 완전한 자율주행차가 실생활에 사용되려면 아직 많

은 부분들을 준비하고 해결해야만 한다.

자율주행차는 그 대응 정도에 따라 국제자동차기술자 협회Society of Automotive Engineers International, SAE International가 SAE J3016표준에서 정한 기준에 따라 레벨 0부터 레벨 5까지 6단계로 분류하고 있다. 이 분류에 의하면 최근 라이다Lidar, 핸들, 브레이크, 액셀러레이터 기능 등 보조운전 장치가 탑재된 차량의 경우라도 운전자의 주관하에 운행될 경우 레벨 2 정도가 된다. 앞으로 더욱 개선되고 발전되어 완전 자율주행차가 되기까지는 시간이 걸릴 것으로 예상한다. 인간이 개입하지 않는 완전한 자율주행은 레벨 4 이상이다. 다음 도표는 SAE에서 정한 자율주행운전의 정의를 잘 나타내고 있다.

〈 SAE의 자율주행운전 정의 〉

	운전구분	운전형태
레벨0	비자동화	운전자가 모든 운전 담당
레벨1	운전자 지원	운전자가 운전 담당 + 한 가지 이상의 운행 자동화 지원
레벨2	부분 자동화	운전자가 운전 담당 + 조향지원 및 가/감속 자동화 지원
레벨3	조건부 자동화	차량이 주변 환경 파악 자동 주행하지만 운전자 개입 필요
레벨4	고도 자동화	정해진 도로환경에서 운전자 개입 없이 자율주행
레벨5	완전 자동화	시골길 등 모든 환경에서 운전자 개입 없이 자율주행

자율주행차는 우선 많은 정보가 필요하다. 차량 자체 내에서 수집되는 주변 정보뿐만 아니라 항법장치의 기본이 되는 고정밀지도High Definition Map. HD지도로부터 많은 정보를 받아 이를 분석하여 자율 주행을 하게 된다. 이러한 자율주행차량은 C-ITSCooperative Intelligent Transportation System. 협력적 지능형 교통시스템의 기반하에서 이루어질 수 있다. C-ITS란 ITS의 요소들이 통신망을 통하여 서로 협력하는 것을 말하며 IoT사물 인터넷라고 할 수 있다. 앞에서 언급한 바와 같이 5G의 특성 중 초저지연, 고신뢰, 초연결인 M2M communication이 가능하게 되고, 차량의 경우는 특히 중요하여 차량을 중심으로 연결된 V2XVehicle to Everything이라고 하며 5G를 사용하여 5G-V2X라고 한다.

레벨 4 이상의 자율주행차가 가능해지면 우리사회는 엄청난 변화를 맞이할 것이다. 최근 국제적으로 공유자동차서비스가 새로운 교통수단으로 각광을 받고 있는데 더 나아가서 자율주행차가 가능해지면 MaaS Mobility as a Service[9] 로 지역경제와 생활 전반을 크게 향상시킬 것으로 보인다.

----

9 MaaS(Mobility as a Service): 스마트폰 하나로 카쉐어링뿐 아니라 대중교통과 자율주행차 형식의 개인용 이동 수단을 이용해 이동 과정을 최대한 단순화하고 최고의 편의성을 제공하는 포괄적인 서비스.

미래의 자율주행차가 가져올 생활의 변화는 무궁무진하다. 2020년 1월에 개최된 CES 2020에서는 기업들이 자율주행차를 넘어 하늘을 나는 자동차Flying Car, 개인용 비행체 Personal Air Vehicle, PAV에 대한 구상과 비전을 발표했다. 이미 미 항공우주국NASA이 주도하여 진행 중인 UAMUrban Air Mobility, 도심형 항공 모빌리티에 대한 기대가 상당히 크다. 미래 소형여객이나 화물운송에 새로운 패러다임Paradigm을 제시하고 있고 우리의 생활 패턴을 완전히 바꾸어 놓을 것이다.

그러나 아직은 해결해야 할 기술적, 제도적 및 법적 이슈들이 많다. 이를 해결해 나가려는 노력이 필요하며 또한 이 과정에서 지금까지 없었던 새로운 도약의 기회가 많아질 것이다. 자동차는 우리 생활에서 필수품이 되었고 자동차 관련 산업도 그 규모와 영향력이 엄청나다. 5G로 가능하게 된 자율주행차, 더 나아가 하늘을 나는 자동차는 우리에게 생활의 여유와 편리함을 줄 것이지만 지금부터의 진화과정에서 우리가 어떤 기여를 할 수 있을까, 우리에게 어떤 기회가 올 것인가 곰곰이 생각해 봐야 할 때이다.

[3] 지능형 CCTV

공공분야나 기업에서 스마트폰의 카메라나 CCTV의 고정식 카메라 등을 사용하여 찍은 피사체를 분석하여 목적에 맞는 서비스를 제공하는 것이다. 초기 CCTV는 대부분 보안을 목적으로 하였으며 CCTV 카메라에 찍힌 피사체를 모니터링 하다가 이상이 발생하면 출동하는 서비스였으나, 이제는 카메라에 찍힌 사람의 얼굴을 분석하여 용의자 색출이나 범죄의 사전 예방 용도로 사용된다. 이는 빠른 시간 안에 방대한 양의 데이터베이스를 검색하고 분석해서 모바일이나 관련기기에 실시간으로 결과를 전달해주는 것이 관건이며 얼굴인식기술과 분석알고리즘 기술이 필요하다.

얼굴과 화상 인식 기술의 발달로 고객의 성별 및 연령뿐만 아니라 행동을 판별하여 점포 내 고객의 동선이나 어떤 상품을 선호하는지 파악하여 마케팅활동이나 무인점포 운영에도 활용 가능하다. 더 나아가서는 개인이나 집단 행동패턴에 대한 분석을 통해 사고를 미리 예방할 수도 있으며 활용범위가 넓어질 것으로 예상된다.

[4] 드론(Drone)

드론은 앞으로 많은 분야에서 활약이 기대되는 유망 서비스이다. 기존에는 장난감 수준의 시야가 확보된 제한된 공간에서 리모컨을 통해 조작하는 정도였지만 5G로 통신의 제약이 없어지고 안정성이 확보되면서 구조물 관리, 재난 모니터링 및 구조, 스마트 교통, 물류배송, 농업용 등 그 활동 범위를 넓혀가고 있다.

드론 서비스를 위한 5G 네트워크는 드론에서 촬영한 영상 및 수집 데이터 전송을 위한 데이터 링크와 드론의 제어를 위한 제어 링크로 구분하고 이 둘을 모두 포함한다. 그리고 여러 대의 드론들이 군집群集, 즉 그룹 비행을 하여 공조共助하는 협력 드론 네트워크도 가능하다. 드론을 제어하는 컨트롤 데이터 및 제어 상태를 알려주는 데이터는 저지연이 보장되어야 하며 신뢰성이 높아야 한다. 또한 드론의 운영시간을 향상시키기 위해서 에너지 효율이 높은 5G 전송 기술 및 네트워크 기술이 필요하다.

또한 드론의 안전 운행을 위해 기체의 기능과 성능도

대폭 개선되고 있다. 효율적인 활동을 위한 장시간 비행 개선과 비행 중 장애물 회피, 비상시 대응기능 강구 등 안전을 위한 노력이 계속되고 있다. 2019년 CES2019에서 미국 BELL사가 만든 드론 헬리콥터가 소개되었다. 드론택시는 이미 소개된 적이 있어 앞으로 공중을 나는 택시서비스가 등장하는 것도 먼 미래가 아니다. 앞으로는 드론을 이용한 서비스가 활발히 진행되어 현재의 공공부문이나 대기업 위주의 서비스에서, B2C나 중소기업을 위한 드론서비스 마켓플레이스Market Place도 활성화될 것이다.

[5] 스마트공장(Smart Factory)

스마트공장은 ICTInformation & Communication Technology. 정보통신기술기술을 기반으로 제조 전 과정을 자동화·지능화하여, 최소의 비용 및 시간으로 제품을 생산하는 미래형 공장이다. 공장 내 설비와 기계에 설치된 센서를 통해 데이터가 실시간으로 수집·분석되어 공장 내 모든 상황들이 일목요연하게 보이고, 이를 분석해 생산 공정을 스스로 제어할 수 있다.

스마트공장은 과거부터 존재한 공장자동화Factory

Automation의 연장선상에 있는 개념이다. 생산시설을 무인화하고 관리를 자동화한다는 공통점이 있다. 그러나 과거 공장 자동화는 단위 공정별로만 최적화가 이뤄져 있어 전체 공정이 유기적이라고 보기 어려웠다. 그러나 스마트공장은 전후前後 공정 간 데이터를 자유롭게 연계할 수 있어 총체적인 관점에서 최적화를 이룰 수 있다. 공장 내 다양한 장비들이 사물인터넷IoT으로 연결되어 자율적으로 데이터를 연결, 수집, 분석한다. 분석 내용을 기반으로 능동적 의사결정이 실시간으로 이행되는 제조 운영 환경은 다품종 복합생산에 적합한 유연성을 갖는 제조 시스템을 구현하는 기반이 된다.

좀 더 구체적으로 설명한다면 스마트공장은 현장이 아닌 가상공간에서도 디지털 트윈Digital Twin[10]을 통해 공장에 이상이 있는지 점검할 수 있다. 과거처럼 뒤늦게 공장에 문제가 생긴 것을 발견해 손실이 커지는 것을 미연에 방지할 수 있다.

----

10 Digital Twin(디지털 복제): 미국 GE에서 소개한 개념으로, 컴퓨터에 현실 속 사물의 쌍둥이를 만들고, 현실에서 발생할 수 있는 상황을 컴퓨터로 시뮬레이션 함으로써 결과를 미리 예측하는 기술이다. 디지털 트윈은 제조업뿐 아니라 다양한 산업·사회 문제를 해결할 수 있는 기술로 주목받는다.

또한 AR로 변경된 작업 지시를 할 수도 있고 장비 수리나 작업 시 카메라로 현장을 촬영하여 서버로 전송하면 해당하는 수리나 작업 지시 내용이 AR안경에 표시되어 실수 없이 작업을 마무리할 수 있게 된다.

인력을 현장에 투입해가며 원인 규명과 해결을 위해 많은 시간과 노력을 들일 필요가 없다. 향후에 AI 기술이 발전하면 직접 원인을 해결할 수 있는 능력도 갖추게 될 것이다.

스마트공장을 구현하기 위해 현재 언급되는 기술은 산업용 사물인터넷Industrial IoT, 가상 물리 시스템Cyber Physical System, CPS, 클라우드 컴퓨팅Cloud Computing, 가상현실VR · 증강현실AR, 빅데이터, 인공지능AI, 스마트 머신, 3D 프린팅 등을 꼽을 수 있다. 각각의 기술들은 서로 유기적으로 작용하며 제조업체들이 목표로 하는 스마트공장의 모습을 만들어 낸다. 이를 위해서는 초저지연, 고신뢰의 네트워크가 필요하며 클라우드 5G 네트워크를 통해 이런 시스템의 운영이 가능하게 된다.

[6] 스마트도시(Smart City)

스마트도시는 ICT · 빅데이터 · 인공지능AI 등 신기술을 접목해 각종 도시문제를 해결하고 지속가능한 도시를 만들 수 있는 '도시모델'을 의미한다. 최근 들어서는 다양한 혁신 기술을 도시 인프라와 결합하여 실현하고 융 · 복합할 수 있는 공간이란 의미의 '도시플랫폼'으로 활용된다.

세계적으로 도시는 인구의 집중과 기반시설 노후화로 인해 자원과 인프라 부족, 교통 혼잡, 에너지 부족 등 다양한 주거 · 생활편의 문제에 직면하고 있다. 그 해결책으로 도시 인프라를 계속 늘리는 대신 기존 인프라의 효율적 활용을 통해 적은 비용으로 도시문제를 해결하는 접근방식이 주목받고 있다.

4차 산업혁명에 맞춰 ICT 기술을 도시에 접목시켜 새로운 성장 동력으로 삼고자 하는 스마트시티가 빠르게 확산되고 있다. 세계 각국은 낮은 성장 추세, 첨단 ICT의 발전, 늘어가는 도시개발 수요를 바탕으로 경쟁적으로 스마트시티 사업에 나서고 있고, 앞으로 10년간 가장 빠른 성장이 예상되는 산업으로 주목받고 있다.

이러한 스마트도시는 다양한 유형의 전자 데이터 수집 센서를 사용하여 자산과 자원을 효율적으로 관리하는 데 필요한 정보를 제공한다. 스마트 도시의 운영 및 서비스의 효율성을 최적화하고 시민들과의 연결을 위해 네트워크에 연결된 다양한 물리적 장치인 사물 인터넷과 정보통신기술을 통합하여야 한다. 이를 구현하기 위해서는 초연결, 초저지연, 고신뢰의 5G 네트워크의 기반이 필요하며 스마트도시의 기본 망이 된다.

〈 국토교통부가 추진 중인 Connected Town 〉

국토교통부는 5G와 함께 도시의 모든 인프라가 연결되는 스마트도시를 추진 중이다. 도시의 모든 기능과 서비스가 연결된 Connected Town이 된다. 모든 서비스들이 IoT로 연결

4차 산업혁명
에센스

되어 각 분야에서 우리의 삶의 질을 향상시킨다. 174p의 그림은 국토교통부가 추진하고 있는 Connected Town의 개요를 잘 나타내고 있다.

[7] 원격제어(Remote Control)

2011년 3월 11일 일본 후쿠시마福島원전이 일본 동북 해상에서 일어난 지진으로 인한 대형 쓰나미로 일부 파괴되어 폭발하는 사고가 났다. 이 사고로 냉각수가 유출되어 뜨거워진 핵 연료봉이 원자로를 뚫고 방사능이 유출되는 사건이 일본 열도를 뒤흔들었다. 일본은 1986년 4월 러시아 체르노빌 원전 방사능 누출사고로 인한 피해를 잘 알고 있었고, 1945년 8월 히로시마 원폭으로 인한 방사능 피해 경험도 있어 후쿠시마 원전의 폭발 및 방사능 누출사건은 일본 전체를 충격으로 빠뜨렸다. 필자는 그 시기에 일본에서 쓰나미로 인한 재해 뉴스를 매일 접하면서 안타까움을 금할 수 없었다.

후쿠시마福島원전 사고발생 후 방사능 누출로 직접적으로 큰 피해가 예상되어 바로 작업자가 들어가 수습을 해야 했으나 방사능 수치가 워낙 높아 치명적이어서 작업자 투입을 쉽게 결정하기가 어려웠다. 며칠이 지나 미국에서 군사용으로 사용하는 로봇을 제공하였으나 로봇에 카메라를 장착해서 현장을 살펴볼 뿐이었다. 그 당시 원격으로 조정이 되는 작업 로봇이나 장비가 있었다면 피해를 많이 줄일 수 있었을 것이다.

그로부터 8년 후 2019년 4월 9일 독일 뮌헨에서 열리는 건설기계전시회 '바우마 2019Bauma 2019'에서 5G를 이용하여 독일 뮌헨에서 8,500km 떨어진 한국 인천의 굴삭기를 원격으로 조정하는 시범을 보여 전 세계를 놀라게 했다.

필자는 그때의 감격과 아쉬움을 이루 말할 수 없다. 8년 전에 이런 기술이 가능했더라면 희생자도 줄이고 더 빨리 복구가 되었을 텐데 하는 아쉬움이 컸다.

이와 같이 5G 통신을 이용한 원격제어는 점점 줄어드는 노동력을 대신하여 전문 기사가 복수의 건설기계를 모니터링하면서 작업할 수도 있고, 위험한 작업을 원거리에서 원격제어를 통해 작업할 수도 있어 여러 가지 서비스가 가능하다. 또한 최근에 GPS Global Positioning System. 위성항법시스템와 지상 기지국을 연결하여 정확한 측위를 제공하는 RTK Real Time Kinematic. 실시간 이동측위를 사용하면 측정오차를 1~2cm 정도까지 줄일 수 있어 정교한 작업을 할 수 있다.

이러한 원격제어는 비단 건설기계, 농기계뿐만 아니라 원격으로 고신뢰, 초저지연이 필요한 의료용 로봇, 군사용 로봇 등 여러 분야에 활용할 수 있으며 앞으로 산업 활성화가 기대된다.

[8] 클라우드 게임(Cloud Game)

클라우드 게임은 기기에 게임을 내려 받거나 설치하지 않아도 인터넷을 통해 언제 어디서든 다양한 게임을 즐길 수 있는 기술이다. 즉, 서버에서 실행 및 연산 처리되는 게임을 인터넷 스트리밍으로 화면을 전송받아 즐기는 게임 서비스이다.

서버 자체에서 게임이 구동되는 만큼, 저低사양 스마트폰이나 TV를 통해서도 고품질 게임을 이용할 수 있다. 이용자는 게임을 다운로드하거나 설치하는 과정을 건너뛰고 서비스에 접속해 계정 정보를 입력하는 것만으로 즉시 게임을 시작할 수 있다.

클라우드 게임은 기존의 동영상 스트리밍 서비스와 달리, 서버에서 방대한 게임 데이터를 연산 처리하는 동시에 사용자의 게임 컨트롤 신호를 서버에 반영하는 상호작용이 지속적으로 일어난다. 그렇기 때문에 클라우드 게임이 활성화되기 위해서는 고용량 게임이 실시간으로 이용자에게 전달되어야 하므로 고품질의 네트워크가 필요하다. 특히, 5G의 저지연성 Low Latency은 게임의 조작과 밀접하게 연관되어 플랫폼의 성능을 좌우할 서비스 핵심요소로 작용한다.

향후 5G 네트워크 기술에 가상현실을 더한 클라우드 VR게임도 확대될 것으로 예상되어 클라우드 게임 서비스가 플랫폼의 경계를 허물고 계속 진화되고 있다. 독일 온라인 통계포탈인 Statista의 자료에 따르면, 2017년에는 526억 원이었던 클라우드 게임 시장 가치는 2023년에는 10배로 성장하여, 5,260억 원에 도달할 것으로 예상된다.

[9] e스포츠(Electronic Sports)

e스포츠esports는 컴퓨터 통신이나 인터넷을 통해서 온라인상으로 이루어지는 게임을 통틀어 이르는 말이다. 게임

물을 매개媒介로 하여 사람과 사람 간에 기록 또는 승부를 겨루는 경기 및 제반 활동을 말한다.

　　5G 상용화 서비스 이후 이동통신사들이 5G 킬러 콘텐츠로 e스포츠 게임 경기 생중계를 활발히 추진하고 있다. 통신업계가 e스포츠 생중계에 공을 들이는 이유는 게임이 5G 조기 확산에 도움이 되는 킬러 콘텐츠라고 보기 때문이다. 2019년 통신3사가 모두 생중계에 나선 라이엇게임즈社Riot Games[11]의 리그 오브 레전드League of Legend, LoL는 월간 접속자가 1억 명에 달하고, LCKLeague of Legend Champion Korea 스프링 2019 파이널은 국내에서만 약 150만 명이 생중계를 시청할 정도로 인기가 높다. 게임 자체도 몰입감이 있는 콘텐츠지만, e스포츠는 프로게이머와 시청자가 함께 즐기는 문화로 오래 전부터 자리 잡았다. 특히 e스포츠팬은 젊고 얼리어답터Early Adapter가 많아 우리나라에서 처음 시작한 5G 확산에 도움이 될 것으로 보인다.

　　또한 PC에서 즐기던 고품질의 게임을 스마트폰에서

----

[11] 라이엇게임즈(Riot Games)는 텐센트(Tencent, 중국 최대의 종합 인터넷회사이자 세계에서 가장 큰 게임회사) 산하 미국 게임 개발사이며 2009년 10월 리그 오브 레전드(League of Legend, LoL)를 출시하였음. 리그 오브 레전드는 매달 플레이하는 유저 수(MAU)가 1억 명을 넘는 인기 온라인 게임

도 즐길 수 있는 편리성 및 고급성이 최근 게임 트렌드 중의 하나다. 클라우드 게임과 더불어 5G특성을 살린 AR, VR을 이용한 실감형 e스포츠 생중계도 새로운 5G서비스로 자리 잡아가고 있다.

[10] 모바일 OTT서비스(Over The Top, 온라인 동영상서비스)

방송 시장은 초고속 이동통신과 스마트폰 보편화 등으로 온라인 및 모바일 동영상 소비가 급격히 늘어나며 일대 변화를 이루고 있다. 기존 TV 기반의 방송 플랫폼 외에 웹, 모바일 상의 온라인 스트리밍 플랫폼인 OTT 서비스의 확장으로 유통 창구가 다양해지면서 동영상 콘텐츠 및 이용에 대한 시청자 선택의 폭이 넓어졌다. 5G 통신이 확산하면서 OTT 서비스의 수요는 더욱더 늘어날 전망이다.

OTT는 기존 유료방송과 달리 인터넷을 통해 방송 프로그램이나 영화 등 미디어콘텐츠를 제공하는 서비스다. 5G 시대에 OTT시장이 부각되는 것은 5G의 초고속 특성에 따라 초고화질 영상을 끊임없이 재생할 수 있게 되면서 모바일을 활용한 동영상 콘텐츠 이용자가 증가할 것이라는 예측 때문이다.

2019년 4월 3일 밤11시, 세계 최초로 5G 시대를 연 우리나라 이동통신사들은 OTT시장을 5G 시대의 새로운 비즈니스 영역으로 기대하고 있다. 5G 시대에 휴대전화를 이용한 동영상 콘텐츠 소비 비중이 더욱 커질 것으로 예상하며 콘텐츠 개발과 제휴 등에 대규모 투자를 계획하고 있다. 그 이유는 5G폰의 상용화로 모바일 콘텐츠의 중요성이 부각되었고, IPTV의 대항마로 OTT가 떠오르고 있기 때문이다.

글로벌 OTT들은 서비스 차별화를 위해 영상 콘텐츠의 몰입감을 제공하는 VR 전문 채널을 개설하는 등 VR 서비스로 확대 중이며 VR 인터액티브 드라마 등의 콘텐츠도 등장하고 있다. 또한 OTT의 플랫폼 유연성에 5G의 초고속, 저지연 기술이 더해져 VR쇼핑 등 VR커머스VR Commerce에 실감형 서비스도 등장이 예상된다.

module 08

사물인터넷(IoT)에서
사물지능(IoT)으로!
| 5G와 IoT(Internet of Things, 사물인터넷)

IoT Internet of Things, 사물인터넷이란 모든 사물에 센서와 통신기능을 내장하여 인터넷에 연결되어 상호 간에 직접 통신하는, 향후 정보통신의 미래 인프라와 서비스를 통칭하는 것이다. 사물인터넷이 필요한 이유는 초연결 사회를 기반으로 한 삶의 질 향상과 생산성 향상에 있으나 궁극적으로는 국가 자체의 인프라, 더 나아가서는 인류와 지구를 위한 중추 신경계를 이루기 때문에 무엇보다 중요할 것으로 예측하고 있다.

지금까지는 서비스 내용과 활용 목적에 따라 NB-IoT Narrow Band IoT나 LTE-M LTE for Machine 통신망을 사용하여

4차 산업혁명
에센스

IoT를 구현하여 왔으나 생활과 산업 전체에 걸쳐 확산되기에는 여러 가지 제약이 있었다. 로봇제어나 자율주행, 스마트공장 등 사물인터넷을 활용한 서비스가 더욱 정교하고 복잡해지고 신뢰도가 높아짐에 따라 이를 만족할 수 있는 통신 인프라가 필요하게 되었다.

특히 5G로 인한 서비스는 주로 B2BBusiness to Business. 기업 간 거래에서 큰 성과가 예상되며 산업 전반에 미치는 영향이 매우 크다고 할 수 있다. 5G로 초연결대량 연결 접속 환경이 구현되면 이러한 문제점들을 넘어 모든 IoT 이용환경이 가능해진다. IoT도 그 서비스 특징에 따라 3가지로 나눌 수 있다.

[1] Massive IoT(다기기접속형 IoT)

복잡도가 낮은 대량의 단말 연결성을 지원하며 저렴하게 많은 기기들을 접속하여 다양한 정보를 취합하고 기기를 제어할 수 있게 한다. 이 경우 대부분의 단말은 지연시간에 민감하지 않은 특성을 가지고 있으며 한 번 설치를 통해 10년 이상의 운용이 가능한 배터리 시간을 필요로 한다. 소물인터넷 Internet of small Things, IsoT이라고도 하며 주로 저용량의 센서, 계측기 등을 활용한 상태 모니터링 용도로 사용된다. LTE-M[12]과 NB-IoT[13]는 모두 Massive IoT를 지원하며 활용용도와 사업방향에 따라 선택적으로 사용될 수 있다.

[2] Broadband IoT(광대역접속형 IoT)

비교적 높은 전송 속도를 필요로 하면서 광범위한 지역에 서비스를 제공하고 경우에 따라 낮은 전송 지연을 필요로 하는 서비스를 지원한다. 관련 산업은 교통, 의료, 공장, 안전, 미디어 등 다양하며 자동차, 드론, 교통, AR·VR지원 단말과 고도의 데이터 전송을 필요로 하는 센서 등에 적용된다. 상당수의 디바이스는 LTE로 대응한다. 이미 차량 내 음악, 내비게이션, 교통정보 등을 제공하고 있으며 스마트 워치도 지원하고 있다. 또한 C-ITS를 지원하기 위한 C-V2XCellular-Vehicle to Everything도 LTE를 기반으로 표준화되고 있다. LTE로 대응할 수 없는 수준의 전송속도는 5G를 사용해 지원할 수 있다. 5G를 사용해서는

---

12 LTE-M(LTE-Machine Type Communication): 글로벌 표준인 3GPP 기반 기술이다. 소 물인터넷과 같은 다기기 접속형 IoT를 위한 LTE망임. 일반 LTE보다 1/10 이상 좁은 대역폭을 쓴다.

13 NB-IoT(Narrow Band IoT): LTE-M과 같이 다기기 접속형 IoT를 위한 LTE망으로 LTE-M보다 좁은 대역폭을 쓰지만 전력소비량이 적다.

더 높은 수준인 자율주행차의 센서 데이터 전송이나 HD지도 Hight Definition Map, 고정밀지도 공유 등에 활용된다.

[3] Critical IoT(극안정(極安定)접속형 IoT)

1ms 수준의 초저지연과 높은 수준의 신뢰성을 필요로 하는 산업 분야의 서비스를 지원한다. 적용되는 분야는 의료, 에너지, 공장, 교통, 자동차, AR·VR을 포함한 미디어 산업 등을 들 수 있다. 즉, 실시간 원격의료로 수술 로봇제어, 생산 공정의 정밀제어, 자율주행차의 주행제어, 교통인프라 제어, 군사용 로봇제어, 원격운전 시스템 등을 들 수 있다. 이러한 서비스는 5G로 대응할 수 있으며 지속적으로 표준화가 업데이트되고 있다.

이렇게 이동통신 기반 IoT가 적용되는 산업에서는 각종 산업에서 다양한 서비스가 요구되며 이에 따라 적절한 네트워크를 개발해 왔다. 과거 IoT전용망들은 저렴하게 많은 기기를 접속할 수 있는 환경구축에 집중한 반면 5G는 기존 IoT전용망이 포함하지 못한 새로운 IoT영역까지 서비스를 가능하게 해줄 수 있게 되었다. 또한 5G에서는 네트워크 슬라이싱 기술을 통해 이러한 다양한 산업의 서비스를 하나의 통신망으로 대응할 수 있게 되었다. 즉 이동통신 사업자는 제공하고자 하는 서비스의 특성에 따라 이동통신 기반 IoT의 종류 중 적절한 카테고리를 선택하여 그에 해당하는 기술을 가상화된 네트워크에서 네트워크 슬라이스 형태로 제공할 수 있다.

5G로 인해 기존의 기술적인 장애가 해소되어 향후 IoT의 전망은 급속도로 커지고 있다. IoT가 더욱 진화되어 모든 디바이스에 인공지능이 탑재되면 사물인터넷Internet of Things에서 사물지능Intelligent of Things[14]으로 발전하며 산업의 융복합화가 한층 더 가속화 될 것이다.

네트워크 장비업체인 에릭슨Erisson이 발표한 에릭슨 모빌리티 보고서2019년 11월에 의하면 IoT의 연결건수는 연평균 25%의 성장률을 나타내며 2019년 말 13억에서 2025년 말 50억으로 증가할 것으로 보고 있다. 동북아시아가 전 세계적으로 IoT를 주도하며 2019년 말 기준 전체 IoT의 60%를 차지할 것으로 추정, 2025년 65%로 증가할 것으로 보고 있다.

- - - - - - - - - -

14 사물지능(Intelligent of Things): CES 2020에서 스티브 코닉 미국소비자기술협회(CTA) 부사장이 "10년 전에는 사물인터넷이 유행했지만 이제는 사물지능이 더 적합한 단어"라고 말함. 모든 IoT에 AI가 도입되며 AI로 연결되는 미래 세상을 예견함.

module 09

앞으로의 먹거리
| 5G 미래전망

세계는 5G를 기반으로 한 초연결사회로 진입하게 된다. 5G망 구축이 마무리되면 방대한 데이터를 초고속, 초저지연으로 처리할 수 있기 때문에 모든 기기에 AI가 탑재되는 시기가 도래한다. 예를 들어 자동차에는 AI가 탑재되어 자율주행차로 진화하고, 건물, 공장, 도로의 모든 설비, 가구, 장비 등에도 센서와 AI가 탑재되어 스마트시티Smart City, 스마트팩토리Smart Factory로 변신한다.

에릭슨의 모빌리티 보고서2019년 11월에 따르면 2019년 말 5G 가입건수는 1,300만 건에서 2025년 26억 건으로 증가할 것으로 예상하며, 세계 5G 네트워크 커버리지Coverage. 이동통신 서비스를 이용할 수 있는 지역는 최대 65%에 달할 것으로 보고 있다. LTE 가 아직도 증가하고 있으나 전 세계 이동통신사들의 5G통신 구축이 완료되고 초기서비스가 안정되는 2022년경부터는 5G의 증가가 더욱 커질 것으로 예상된다.

5G는 다양한 산업 간 융합을 이끌어 내면서 대규모 신 시장을 창출할 것으로 예상된다. 통신이 타 산업에 미치는 영향력은 매우 크며 더욱이 융·복합 시대의 영향력은 앞으로 기하급수적으로 커질 것이다. 지금까지의 영향력과는 분명한 차이가 있다.

2019년 정부가 혁신성장사업 대표 브랜드를 'DNA+ 빅3'로 통일한다는 방침혁신성장 2020 전략투자방향, 기획재정부 2019년 8월 을 정하였고 내용은 아래 그림 자료와 같다. 즉, 모든 산업과 융·복합이 가능한 혁신 인프라 분야인 DNAData, Network, AI와 글로벌 경쟁 우위 확보 가능성이 높은 신산업 분야시스템 반도체, 바이오헬스, 미래차에 대한 중점 전략을 제시했다. 이 중 네트워크 부문은 5G가 담당하게 되고 '5G+전략'을 수립하여 세계 최초 5G 상용화에 맞게 지속적으로 경쟁력을 갖춘 5G가 될 수 있도록 추진하고 있다.

〈 혁신성장 2020 전략투자방향 〉

　　'5G+ 전략'은 5G를 기반으로 우리나라가 경쟁력을 가지고 지속적으로 성장 발전시켜 가야 할 15대 전략산업과학기술정통부의 10대 핵심 산업과 5대 핵심 서비스을 말한다. 아래와 같이 정하여 민관民官 합동으로 성장 발전시켜 궁극적으로 기업의 글로벌 시장 선점을 추진하고 국가 경쟁력을 높이는 발판이 될 것으로 기대한다.

〈 5G 전략산업 육성 〉

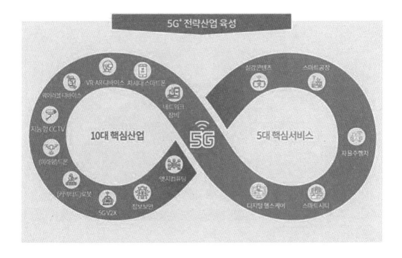

　　이와 같이 5G는 4차 산업혁명이 이루어지는 데 반드시 필요한 슈퍼 하이웨이로, 큰 성장이 예상된다. 특히 관련 산업과의 융합을 통해 나타나는 시너지효과는 매우 클 것으로 보인다. 여기에 앞으로 새로 생겨나는 산업과 기술에 대한 통찰력이 필요하며 새로운 시대를 맞이할 준비를 해야 할 것이다.

▌ 황재민 저자

한국융합미래교육연구원 원장, 한국미래과학진흥원 원장

『4차 산업혁명 에센스』

『대한민국의 파트너 외국인』

『지방화와 국가전략』

▶ 『4차 산업혁명 에센스』

　　　2020년 서울시교육청 학교프로그램 진행도서

　　　2020년 사단법인 한국과학저술인협회 인증 우수도서

　　　2020 한국출판문화산업진흥원 세종도서 선정(학술부문)

▶ 『대한민국의 파트너 외국인』

　　　대통령 직속 대한민국 임시정부 100주년 기념사업회 인증 도서

PART 3

Block chain

블록체인

: 가치 창출의 신뢰 인프라 기술

블록체인 기술은 컴퓨터공학, 암호학, 수학, 가치철학, 윤리학, 법학, 경제학, 경영학, 정치학, 사회학 등이 포괄되어 융합적 성격이 매우 크다. 4차 산업혁명의 여러 가지 기술의 바탕이 되면서 궁극적인 신뢰 가치를 지지하고 지원하는 기술이다. 블록체인 기술의 도입 및 적용의 시급성, 블록체인과 관련된 주요 핵심사항들, 블록체인의 화폐적 측면 그리고 주요국의 블록체인 활용 노력 등을 살펴보기로 한다.

신기술의 가치와 신뢰를 보장하는 필수 기술
| 블록체인 기술의 필요성

2017년 9월 7일 미국 최대 신용평가회사 중의 하나인 에퀴팩스Equifax가 해킹을 당하였다. 무려 약 1억 4,700만 명에 달하는 개인 정보가 유출되는 초대형 사고였다. 사회보장번호, 성명, 생일, 주소 등이 유출되는 피해를 보았다. 이는 역대 최대 규모의 개인정보 유출 사건으로 꼽힌다. 그 당시 이 회사에는 사이버 보안 관련 전문가가 적어도 225명이나 있었다. 노스캐롤라이나 대학교의 제이넵 투페키Zeynep Tufecki 교수는 에퀴팩스Equifax와 관련한 <뉴욕타임스The New York Times> 기고문에서 해당 사건에 대하여 "해킹 피해가 발생하는 이유는 시스템의 안정성이나 보안 문제를 무시하였거나 또는 여기에 제대로 투자하지 않았기 때문이다."라고 강조하였다.

세상은 급격하게 변화하고 있다. 세계 최대 차량공유 업체인 우버Uber는 지난 2016년부터 미국의 벨Bell 등 세계적인 항공기 제조업체와 함께 도심형 비행체 개발에 착수하고 있다. 2020년 1월에는 세계 최대 가전·정보기술 전시회인 CES Consumer Electronics Show 2020에서 개인용 비행체Personal Air Vehicle, PAV 모델을 공개하였다. 그리고 2023년에는 호주에서 '에어 택시Air Taxi 서비스'의 상용화商用化를 계획하고 있다.

우리나라도 이르면 2020년 7월부터 운전자가 직접 운전대를 잡고 있지 않아도 스스로 차선을 유지하면서 주행하는 자율주행차량이 선보일 예정이다. 국토교통부는 자율주행차의 상용화를 위해 '부분 자율주행차레벨3' 안전기준을 세계 최초로 도입했다고 2020년 1월 5일 발표하였다. 이에 따라 2020년 7월부터는 레벨3 자율주행차의 출시와 판매가 가능해진다. 자동으로 차로車路를 유지하는 기능은 운전자가 직접 운전하지 않아도 자율주행시스템이 차선을 유지하면서 주행하고 긴급 상황 등에 대응하는 기능이다.

주요 국가들은 도심 교통난 및 환경문제 등을 해결할 목적으로 핵심적인 항공택시Air Taxi 플랫폼에 본격적으로 진입하고 있다. 우버Uber는 시범서비스를 거친 이후 곧이어 2023년에는 세계 50개 국가에서 정식 서비스를 선보일 계획이다. 이미 실제 투입될 항공택시Air Taxi 개발을 완료하였고 막바지 시험비행을 진행 중인 것으로 확인되었다.

그렇다면 우리는 에퀴팩스Equifax의 해킹 사건과 같은 문제에 대하여 어떻게 대비하고 있는가? 그리고 향후 펼쳐질 '플라잉 카Flying Car'와 '자율주행차Autonomous Vehicle'에 입력된 경유하는 행선지行先地 정보와 최종 도착지 정보의 오誤작동과 해킹으로부터는 과연 안전한 것일까? 그리고 나에게 일어난 대형 의료 사고와 직결된 진료 및 치료 내역의 기록들이나 또는 내가 선물膳物로 받은 최고급 명품들, 과연 이러한 것에 대하여 확실하게 진품眞品 내지 진본성眞本性을 100% 신뢰할 수 있을까? 4차 산업혁명의 가속화에 따라 한편으로는 '위험사회'로의 잠재적 리스크가 매우 커질 것으로 우려된다.

[상황 1]

중국 관영官營 글로벌타임스는 2018년 7월 28일 다음과 같은 기사를 게재하였다. 이른바 영유아 '백신 스캔들'이다. 중국에서 예방 접종을 받은 한 살배기 영아嬰兒가 접종 3일 만에 사망한 것이다.

백신 제조업체인 '우한武漢생물제품연구소[1]'에서 생산된 불량 DPT 백신이 2017년 허베이성, 충칭重慶시에 40만 개나 판매되었고, 허베이성에서는 14만 3천 941명의 어린이가 불량 백신을 접종받은 것으로 드러났다. 다른 백신 업체 '창춘창성長春長生 바이오테크놀로지[2]'의 불량 DPTDiphtheria, Pertussis, Tetanus, 디프테리아·백일해·파상풍 백신도 25만 2천 600개나 판매되어 산둥성山東省 21만 5천 184명의 어린이에게 접종되었다.

백신 사태로 인하여 일부 부모가 해외에서 백신을 접

----

1 우한(武漢)생물제품연구소 : 2018년 8월 1일 중국 관영 차이나데일리는 국가식품의약품 감독관리총국의 당서기를 단장으로 하고 국가위생건강위원회 등 관련 부처 관계자들로 구성된 불량백신 조사단을 조직하였다고 보도하였다. 백신 제조업체인 '우한(武漢)생물제품연구소'에서 생산한 불량 백신이 제대로 처리되었는지 확인하고자 '불량백신 사태 조사단'이 후베이(湖北)성의 '우한(武漢)' 현지로 급파(急派)되었다.

2 창춘창성(長春長生) 바이오테크놀로지 : 2017년 10월 어린이용 불량 DPT(디프테리아·백일해·파상풍) 백신을 만들어 판매한 것으로 드러난 데 이어서 불량품 광견병 백신을 생산하다가 적발된 바 있다. 중국 국가약품감독관리국, 국가위생건강위원회 등 약품관리당국은 2018년 10월 이 회사에 총 91억 위안(약 1조 5천억 원)의 벌금을 부과하였고, 불량 백신 접종에 따른 사망 사고에 대하여 1인당 65만 위안(약 1억 500만 원)을 배상하도록 하였다. '불량 백신 파동'으로 천문학적 벌금을 부과받았던 백신업체 창춘창성(長春長生) 바이오테크놀로지 유한책임공사가 결국 파산했다고 2019년 11월 8일 신화통신이 보도하였다.

종시키기 위하여 홍콩 및 싱가포르까지 가는 경우도 발생했다. 중대한 질환의 예방을 위하여 예방 접종 주사가 절대 필요한 시점에 나에게 사용할 그 주사액은 과연 유효하고 적정한 것인가?

[상황 2]

2019년 12월 26일 태국의 일간日刊 방콕포스트Bangkok Post에 따르면 12월 23일 밤 누군가에 의해 남부 춤폰주 랑수언 교도소의 CCTV 보안 시스템이 뚫렸다. 그 이후 시스템에 녹화된 재소자들의 영상이 유튜브에 유출되는 사건이 발생했다. 해킹되어 유튜브에 유출된 태국 교도소 CCTV를 보면 수십 명의 재소자로 1층 및 2층이 가득하게 꽉 찬 모습이다. 발 디딜 틈 없는 참담한 모습이었다.

민간 업체가 설치한 교도소 내 CCTV 시스템은 인터넷에 접속되어 있어 교도소장 등을 포함해 교도소 고위 관계자들이 스마트폰으로 실시간 상황을 지켜볼 수 있는 것으로 알려졌다. 솜삭 텝수틴 법무장관은 접근 암호를 해킹한 외부인이 시스템에 접속해 CCTV 녹화 영상을 유튜브에 올리는 것이 가능하다면서, 특별수사국에 이번 사건 배후를 파악하도록 지시했다고 밝혔다. 솜삭 장관은 호주와 러시아 등 다른 국가들에서도 유사한 일이 일어난 바 있다고 덧붙였다.

그는 CCTV 영상 공개가 재소자들의 인권을 침해할 수 있는 한편 태국 교도소의 평판에 손상을 끼칠 것이라고 우려하였다. 신문에 공개된 유출 영상의 캡처 사진에는 교도소 내 한 방에 수십 명의 재소자가 촘촘하게 들어찬 채 잠을 자는 모습이 담겼다. 재소자들은 벽 양쪽에 거의 서로의 몸을 붙이다시피 해서 자고 있고, 가운데에서도 재소자들이 불편하게 몸을 누운 채 잠을 청하고 있다. 이마저도 모자라 방 한쪽에는 침상寢牀 형태로 2층을 만들어 놓고 재소자들이 잠을 자고 있다. 일부 동남아 국가들의 교도소 재원財源 부족으로 수감 환경이 열악한 것으로 알려진 가운데, 태국 역시 교도소가 포화 상태인 것으로 전해졌다.

[상황 3]

딥러닝Deep Learning과 페이크Fake가 결합한 단어인 딥페이크Deepfake는 인공지능을 기반으로 실제처럼 조작된 음성 및 영상 등을 모두 포괄적으로 표현한 용어이다. 이러한 인공지능 기반의 딥페이크 기술의 급속한 발전은 해외에서 음성 조작 또는 영상 조작으로 진화한 금융 사기로까지 이어지고 있다. 전문가들조차도 진위眞僞 여부의 파악 및 확인이 어려울 정도로 매우 지능화되었다.

이미 2019년 영국의 한 에너지산업 분야의 기업체는 AI인공지능 기술을 통하여 관련 업무 과정에서 조작된 소속 회사의 간부 음성 메시지에 속아서 헝가리Hungary 공급회사에 20만 Euro유로 즉 한국 화폐로 약 2억 6천만 원을 송금하는 사고가 발생하기도 하였다. 이렇게 디지털 사기詐欺로 인한 사회적 국가적 각종 피해의 총액은 훨씬 심각하다.

이와 같은 사항들에 대한 해결책으로 블록체인 내지 블록체인 기술에 대한 관심이 급증하고 있다. 물론 블록체인 기술이 단지 위와 같은 문제점의 해법 정도로만 활용되는 것은 아니다. 직설적으로 표현하자면, 블록체인은 거래의 신뢰성을 보장하는 특성으로 인하여 4차 산업혁명의 핵심 기반 기술이라고도 일컬어진다. 블록체인을 간략히 설명하면 '데이터가 담겨진 블록Block을 생성한 후 이전 블록들에 체인Chain처럼 연결하는 기술'이다. 이때 데이터는 주로 거래 기록이 담긴 원장Ledger을 의미한다. 그리고 바로 이 원장 또는 장부를 블록체인 네트워크에 참여하는 참가자들이 공유하고 또한 공동으로 검증하기 때문에 분산 원장Distributed Ledger 기술이라고도 표현한다.

블록체인 기술이 기업 현장에서 실제 활용 예정인 사례를 보기로 하자. 우선 루이비통이 블록체인을 도입할 예정이다. 2019년 5월 16일, LVMHLouis Vuitton Moët Hennessy. 루이비통 모에 헤네시와 마이크로소프트Microsoft가 협업하여 명품 유통 이력을 추적할 수 있는 블록체인 플랫폼 '아우라Aura'를 개발하여 구축하고 일부 운영을 시작하였다고 발표하였다. LVMH는 루이비통Louis Vuitton, 크리스티앙 디오르Christian Dior, 지방시Givenchy 등 60여 개의 럭셔리 브랜드를 가지고 있는 다국적기업多國籍企業이다.

LVMH는 아우라를 통해 고객들이 직접 상품 이력을 확인하고, 명품이 진품인지 확인할 수 있게 할 것이라고 한다. 따라서 아우라를 이용하면 어떤 원자재를 이용하여 상품이 만들어지는지 확인할 수 있고, 중고 제품으로 판매될 때에도 명품 진위 여부를 가릴 수 있게 된다. 즉 블록체인을 활용해 원재료부터 시작하여 판매 시점은 물론 중고 상품 시장에 이를 때까지 자사自社 제품의 브랜드를 인증할 수 있도록 하겠다는 것이다. 예를 들어 핸드백이라면 가죽 농장부터 판매 매장, 그 가방

의 구매자와 그 이후의 소유자까지 핸드백 라이프 사이클의 전체 경로를 추적할 수 있다

한편 드비어스De Beers, 1888년에 설립된 다이아몬드 브랜드임. 다이아몬드 원석, 산업용 다이아몬드, 다이아몬드 주얼리 등을 생산·판매함와 같은 세계적인 초대형 다이아몬드 기업체는 이미 블록체인 기반의 추적 시스템을 구축했다. 다이아몬드 채굴 광산에서 작업장, 판매처에 이르기까지 다이아몬드 유통과정을 투명하게 추적 관리하기 위해서이다. 다이아몬드 유통 블록체인 플랫폼 '트레이서 Tracer'가 대표적인 것으로 드비어스가 기존 공급망에 블록체인 기술을 적용해 만들었다. 트레이서 플랫폼에서는 각각의 다이아몬드에 디지털 인증서를 발급한다. 따라서 모든 데이터가 블록체인에 저장되기 때문에 소비자들은 유통 과정을 확인하여 다이아몬드의 진위眞僞를 손쉽게 가려낼 수 있다.

국가적 차원에서의 블록체인 적용 사례는 '에스토니아'의 경우가 대표적이다. 유럽 북동부인 발트해 동부에 위치한 에스토니아는 이미 '전자거주권e-residency, 전자주거권'까지 가능한 디지털 사회를 구성하였다. 에스토니아 국민 46.7%가 선거에서 온라인 투표를 하고, 98%가 전자신분증을 가지고 있으며,

정부 서비스의 약 95%가 블록체인에 기반한 전자정부 시스템으로 제공되고 있다. 참고로 스웨덴의 경우에도 전자신분증은 20대 97.9%, 40대 96.8%, 50대 91.8%가 사용하고 있다.

에스토니아의 디지털사회는 시스템과 데이터를 블록체인으로 안전화하고 있다. 블록체인이 안전 및 신뢰와 관련하여 중요한 역할을 하는 것이다. 개인이나 공무원이 시스템에서 수행하는 모든 행동은 기록에 남는다. 국민들이 본인 데이터를 사전 동의하에 다른 사람에게 제공할 수도 있다. 예를 들어 진료를 받으러 갈 때 개인 정보 열람 동의를 하면 의사는 해당 환자의 모든 진료기록을 볼 수 있다. 따라서 에스토니아에서는 의료용 구급차인 앰뷸런스 차량이 병원에 도착 즉시 지체 없이 면밀한 의료 프로세스가 즉각적으로 제공된다. 여러 가지 전자정부 서비스들은 심지어 외국인까지도 이용 가능하다. 이와 같이 에스토니아는 세계에서 블록체인을 가장 많이 도입한 국가이며 2012년에는 보건, 형사, 법제, 사업자 등록 등 다양한 정보를 이미 블록체인으로 구축하였다.

한편 세계경제포럼World Economic Forum, WEF[3]은 지난 2016년 '4차 산업혁명의 이해Mastering the Fourth Industrial Revolution'라는 주제를 통하여 4차 산업혁명의 핵심 기술로 블록체인Blockchain에 주목하였다. 인공지능, 빅데이터, 사물인터넷 등 정보와 기술 그리고 서비스 등이 연결되고 초융합, 초연결, 초지능이 특징인 4차 산업혁명의 패러다임에서 블록체인 기술의 '신뢰' 기능에 관심이 모아지고 있다. 이러한 가운데 미국 대통령 선거 후보 앤드류 양Andrew YANG은 2019년 5월 '뉴욕 컨센서스 2019' 행사에 참석하여 "블록체인 기술은 우리의 미래 중 큰 부분을 차지하고 있다."라고 하면서 블록체인 기술의 중요성을 강조하였다.

----

3 WEF : 학자, 기업인, 정치인 등이 한자리에 모여 세계경제를 논의하는 국제민간회의체로 매년 스위스 Davos에서 개최되어 일명 다보스 포럼으로 불린다.

종이 화폐, 언제까지 지속될까?
ㅣ블록체인과 디지털화폐

블록체인 기술이란 위조와 변조를 방지하기 위하여 암호화 방식을 이용한 디지털 정보 기록 기술이다. 블록체인이라는 명칭은 새로운 거래 내역을 담은 신규 블록이 형성되면서 기존의 블록에 덧붙여 계속 연결되는 데이터 구조를 의미한다. 즉 블록의 Block 그리고 연결의 Chain이 결합된 것이 이른바 블록체인이 되는 것이다.

한편 블록체인과 밀접하게 더불어 다니는 용어로 비트코인이 있다. 밀접한 이유와 배경은 다음과 같다. 비트코인을 개발하는 과정에서 블록체인 기술이 태동胎動하였고, 자연스럽게 블록체인 기술이 적용된 최초의 결과물 내지 성과물이 바로 비트코인이기 때문이다.

일부 학자들은 비트코인의 발명과 성장은 21세기 초반에 벌어진 가장 획기적이고 영향력 있는 사건 중의 하나로 평가하고 있다. 이러한 결과로 인하여 블록체인 및 비트코인의 창시자인 사토시 나카모토Satoshi Nakamoto가 2016년 노벨경제학상 후보로 추천되었다. 최종 확정 과정에서 익명匿名의 인물이라는 결정적인 이유로 수상자로 선정되지는 않았다. 이는 블록체인 및 비트코인 관련 기술이 인류사회에 미칠 긍정적인 영향이 노벨상 후보에 오를 정도로 크다는 사실을 공식적으로 공개적으로 확인하여 준 것이다.

비트코인과 더불어 다종다양한 새로운 종류들의 신종 코인들의 개념을 한마디로 정의를 내리기는 어렵다. 가상화폐, 가상통화, 암호화폐, 암호통화, 디지털화폐, 디지털통화 등등 매우 다양한 용어가 사용되고 있는 상황이다. 일단은 필요에 따라 다양한 표현을 그대로 수용하기로 한다. 그리고 모듈 08장에서 상세한 설명을 제시하기로 한다. 한편 재미있는 표현으로는 암호화폐의 대표 명사로 일컬어지는 비트코인을 '디지털 골드Digital Gold'라고도 표현한다.

비트코인과 관련한 다음의 내용은 비트코인의 가치를 극명克明하게 보여 준다. 2019년 12월 17일 미국 CNN BUSINESS가 인용한 뱅크 오브 아메리카BOA증권 보고서에 따르면 1BTC[4]는 약 2년 전 최고가로 2만 달러약 2,300만 원를 기록한 바 있다. 많은 유통업체들은 비트코인을 일종의 결제 형태로 받아들이고 있으며 몇몇 투자회사와 거래소들이 비트코인에 대한 선물先物, 장래의 일정한 시기에 현품을 넘겨줄 조건으로 매매 계약을 맺는 거래 종목거래를 시작하여, 이를 합법화하는 데 도움이 되었다고 보고서는 내용을 전하고 있다.

암호화폐, 가상화폐 등 여러 가지 용어들 중에서 G20 회원국[5] 등이 암호자산이라는 용어에 무게중심을 두며 사용하고 있다. 이때의 암호자산은 민간이 발행하는 디지털화된 지급수단Digital Means of Payment의 성격과 가치 등을 표시하는 디지

---

4 BTC : 비트코인의 단위

5 G20 : G20 회원국(Group of 20) 주요 20개국 정상들의 회의이다. 기존의 G7인 미국, 일본, 영국, 프랑스, 독일, 캐나다, 이탈리아에 더하여 한국, 중국, 호주, 인도, 브라질, 멕시코, 인도네시아, 아르헨티나, 러시아, 터키, 사우디아라비아, 남아프리카공화국, EU 의장국으로 구성된다.

털화된 자산의 성격을 포괄하는 개념이다.

이러한 가운데 비트코인 등의 가상화폐와는 또 다른 디지털화폐 결제 실험이 진행되고 있다. 근대 이후의 대부분의 인류 역사에서 국가 법정 화폐는 지폐나 금속 동전의 형태가 주류主流를 이루었다. 그런데 중국에서는 곧 물리적 실체가 없는 디지털 정보가 돈의 역할을 부분적으로 대체하기 시작할 전망이다. 왜냐하면 중국 중앙은행인 인민은행이 조만간 '디지털화폐Digital Currency' 발행에 나설 태세이기 때문이다.

최근 수년간 비트코인을 비롯한 가상화폐가 빠르게 발전하였지만, 현재로서는 국가 차원의 중앙은행이 디지털화폐를 발행하는 나라는 중국이 최초가 될 가능성이 매우 크다. '중국이 세계 첫 번째 중앙은행 디지털화폐 발행 국가가 될 것'이라고 관영 영자英字신문 차이나데일리China Daily는 보도하였다. 중국 인민은행 고위 당국자들의 공개 발언과 중국 안팎의 언론 보도를 종합하면 인민은행은 디지털화폐 발행 준비를 거의 마친 상태이다. 무창춘穆長春 인민은행 지불결제국 부국장은 지난 2019년 8월 10일 공개 학술회의에서 '디지털화폐를 당장이라도 내놓을 수 있는 상태'라고 공표하였다. 다만 인민은행은 아직 구체적인 발행 시점은 신중히 검토 중인 것으로 보인다.

중국의 디지털화폐는 쉽게 말해 '디지털 현금'으로서 지폐紙幣 또는 주화鑄貨로 된 된 위안화 현금을 거의 완벽하게 대체할 것으로 보인다. 중국에서의 디지털화폐는 현금 통화를 뜻하는 본원本源통화의 일부를 대체하며 인민은행과 시중 상업은행 차원의 이원화二元化 방식으로 운영될 예정이다. 발행 기관인 인민은행이 직접 국민에게 디지털화폐를 공급하지 않고, 시중은행 등 금융 기관이 고객들을 상대하게 된다는 뜻이다. 인민은행이 발행하게 될 디지털화폐가 공상은행[6]을 비롯한 4대 국유상업은행과 양대兩大 인터넷 플랫폼인 알리바바Alibaba, 阿里巴巴, 텐센트Tencent, 腾讯, 결제 정산精算 기관인 유니온페이 등 총 7곳에 우선 공급될 것으로 예상된다.

우선 공급된 이후 개인이 이들 기관에서 충전한 디지털화폐는 스마트폰 앱인 전자 지갑에 담긴다. 사용자들은 중국에서 널리 쓰이는 전자 결제 플랫폼인 알리페이[7]처럼 디지털화

----

6 공상은행(Industrial & Commercial Bank of China, 中國工商銀行) : 중국 4대 은행의 하나인 국영 상업은행을 의미한다.

7 알리페이(Alipay) : 중국 알리바바 그룹이 개발한 전자화폐 시스템으로 온라인 결제 서비스이다. 2004년 출시된 이후 최소 약 8억 명 이상의 고객을 확보하고 있는 중국 제1의 전자화폐 시스템이다.

폐를 사용할 수 있게 된다. 중국 인민은행은 지진과 같은 재난 재해로 인하여 인터넷이 완전히 불통不通인 상황에서조차도 개인들이 서로 디지털화폐를 주고받을 수 있다고 설명하고 있다.

법정화폐法定貨幣 즉 법화法貨를 디지털화하면 돈을 지니고 다닐 필요가 없어 편리하며, 화폐 제조와 유통에 따른 관련 비용도 크게 절감할 수 있다. 또한 위조지폐의 제작 및 유통 등 화폐와 관련된 범죄 행위도 근본적으로 없앨 수 있다는 점에서 디지털화폐 도입의 획기적 장점이 있다.

다수의 전문가들은 중국 정부의 의도가 여기에 그치지 않는다고 본다. 디지털화폐 도입에 이처럼 적극성을 보이는 이유는 자국自國 중심의 디지털 경제 환경을 선점先占하여 조성하기 위해서라는 것이다. 중국은 비트코인이나 페이스북의 리브라Libra, 페이스북이 추진하는 암호화폐로서 전 세계 대상의 금융 인프라 시스템 등 '외부 세계'의 가상화폐 질서가 중국에 영향을 주는 것을 극도極度로 경계한다.

종합하자면, 중국의 디지털화폐 도입 즉 중국이 CBDC Central Bank Digital Currency, 중앙은행 디지털화폐 발행을 추진하는 이유는 알리페이와 같은 지급결제 시스템의 민간독점 방지, 화폐제조와 유통비용 절감, 금융포용[8] 제고 등으로 결국 중국의 통화 주권과 법정 통화 질서를 수호하기 위한 것으로 풀이할 수 있다. 한편 중국은 위안화의 국제화[9]를 추진하고 있어 CBDC 발행을 통해 이러한 목적을 추가 달성하고자 한다는 전망도 나오고 있다. 궁극적으로는 디지털 기축통화基軸通貨 지위를 넘보는 것이라는 분석에 힘이 실리고 있다.

따라서 중국의 디지털화폐는 중앙집중형으로 관리된다. 중국의 디지털화폐는 분권과 익명화를 추구하는 비트코인 등 기존의 암호화폐와는 또 다른 별도의 특징을 갖는다고 볼 수 있다. 이러한 가운데 중국은 암호화폐 거래소를 인·허가제로 바꾸어 정부가 직접 관리에 나서고 있다. 중국은 디지털화폐 도입을 통해 중국 정부가 현금 단위의 돈의 흐름까지 면밀하게 모니터링할 수 있는 기술 기반을 마련할 수 있게 될 전망이다. 현재는 그 어느 나라에서도 금융 기관을 벗어나 있는 국민의 지갑이나 개인과 기업의 금고에 쌓인 현금의 흐름을 추적하는 것은

----

8 금융포용 : 사회적 약자에게 금융서비스 기회를 제공하는 것을 의미한다.

9 위안화(貨)의 국제화 : 중국 공식 화폐 위안화가 국제시장에서 인정되고 수용되도록 하는 것을 뜻한다.

원천적으로 불가능하다. 결론적으로 중국의 블록체인 생태계 강화는 관료들의 부패를 줄이면서 한편으로는 중앙당 중심의 집행력을 강화하는 측면도 있다.

한편 코로나19 COVID-19, 신종 코로나바이러스 감염증로 중국 당국이 이른바 '돈세탁'에 나섰다. 허베이성, 광둥성 등 코로나 19 집중 발병發病 지역의 화폐가 바이러스 전파 매개체의 하나가 될 수 있다고 판단하고, 돈을 수거해 폐기하거나 소독한 뒤 다시 유통한다는 방침이다. 2020년 2월 17일 CNN, 블룸버그 등 외신外信에 따르면 중국 인민은행은 최근 오염 가능성이 있는 지폐를 폐기하기 위하여 집중 발병 지역의 병원·가축시장·대중교통 등에서 유통되는 화폐를 반환하라고 지시하였다.

수거된 화폐들은 최소 14일간 별도 보관처에서 자외선 소독 등을 받는다고 알려졌다. 중국 당국은 우한 지역 등 감염 지역의 화폐가 다른 곳으로 가지 않도록 화폐 유통도 차단하였다. 손으로 코로나19 바이러스가 붙은 화폐를 만진 뒤 입이나 코에 대면서 감염되는 사례를 줄이려는 것이다.

사우스차이나모닝포스트는 2020년 2월 3일부터 열흘

간 광둥성에서 약 78억 위안약 1조 3000억 원이 수거됐고, 이 중에서 30억 위안약 5100억 원만이 재유통再流通되었다고 보도하였다. 다만 우한이 속한 허베이성은 수거 화폐가 워낙 대규모여서 화폐 부족 현상이 예상된다. 이에 따라 중국 당국은 6000억 위안약 102조 원을 해당 지역에 긴급 투입할 것으로 알려졌다.

2주간의 화폐 소독에도 코로나19 바이러스가 박멸될지는 미지수다. CNN은 최근 물건 표면에서 코로나바이러스가 생존하는 기간은 9일이라고 보도했다. 하지만 미국 캘리포니아대University of California, San Francisco, UCSF, 캘리포니아대학교 샌프란시스코캠퍼스 찰스 치우 교수는 CNN 인터뷰에서 "사스 바이러스는 물건 표면에서 5분에서 9일까지 생존했다."며 "코로나19 바이러스에 대한 연구 자료는 아직 부족하고 변종 특성이나 환경 조건 등에 따라 생존 기간이 다르다."고 언급하였다.

한국은행도 중앙은행 디지털화폐Central Bank Digital Currency, CBDC 발행에 관심을 나타내고 있다. 즉 중앙은행 디지털화폐인 CBDC에 대한 발행 계획이 없다면서도 금융 안정성을 위해 CBDC 발행을 고려할 수 있다고 밝히고 있다. CBDC는 해당 국가의 발권을 담당하는 중앙은행이 전자적 형태로 발행하는 디지털화폐이다. 비트코인 등 암호화폐가 등장하면서 이에 대응할 국가적 차원의 연구가 전 세계 중앙은행과 국제기구를 중심으로 진행되어 왔다. CBDC는 기존 암호화폐의 문제점을 보완하면서도 최신 기술을 도입할 수 있다는 점에서 최근 논의가 활발해지는 추세이다. 국제통화기금 즉 IMF는 새로운 결제 시스템으로 CBDC를 주목하며, 도입 검토가 필요하다고 주문한 바 있다.

전 세계에서 18개국 이상이 중앙은행 디지털화폐를 개발 중이다. 2019년 12월 기준으로 보면 전 세계 약 60개 국가의 중앙은행 중 18개 중앙은행이 공식적으로 CBDC를 개발하거나 출시하였다. 이러한 숫자는 아직 연구 및 검토 단계인 국가는 제외된 수치다. 실제로 CBDC를 발행한 국가는 튀니지, 세네갈, 베네수엘라, 우루과이 총 4개 국가로 조사됐다. 사회적 인프라가 낮은 국가도 단기간에 점프를 할 수 있는 요소가 있기에 이들 4개국이 주력한 것으로 판단된다. 추가하여 설명을 한다면 은행 계좌 미보유자 등 현재의 금융 시스템에서 배제되어 불편을 겪고 있는 사람들을 위한 통화시스템 구축을 의미하는 '금융 포용' 제고 목적으로 CBDC중앙은행 디지털화폐 발행을 추진하는 것이다. 즉 금융시스템의 외부에 놓인 참가자들에게도 금융 수

요를 충족시키면서 국가 장벽을 초월하는 글로벌 화폐로서의 가능성을 제시할 수 있는 것이다.

도미니카연방, 그레나다 등 동카리브해 지역 8개 섬나라는 동카리브중앙은행ECCB이 발행한 은행권銀行券을 공동 화폐로 쓰고 있다. 그 외 중국, 스웨덴, 싱가포르, 태국, 캄보디아, 터키, 이란, 아랍에미리트 등 14개 국가는 CBDC를 개발하고 있거나 테스트 중인 것으로 나타났다. 러시아 중앙은행도 다른 나라와 마찬가지로 중앙은행 디지털화폐 연구를 통해 발행 가능성을 검토하고 있다.

스웨덴을 비롯해 유럽 국가들 역시 CBDC 발행을 적극적으로 검토하고 있다. '현금 없는 사회Cashless Society'를 지향하는 스웨덴은 일찍이 2017년 디지털화폐 프로젝트에 착수하였다. 1661년 유럽 최초로 지폐를 발행한 스웨덴은 2023년에는 현금 없는 사회를 시작한다는 목표를 수립하였다.

그 결과 스웨덴 중앙은행인 릭스방크가 중앙은행 디지털화폐Central Bank Digital Currency. CBDC 시범 운영을 시작했다고 로이터 통신이 2020년 2월 21일 보도하였다. 릭스방크는 발표를 통해 e-크로나 시범운영을 시작했다면서 "이 사업의 목표는 e-크로나가 일반 대중에 의해 어떻게 사용될 수 있는지 보여주는 것"이라고 밝혔다. 이때, CBDC란 블록체인 등 분산원장기술을 활용하여 전자적인 형태로 발행되는 중앙은행 화폐를 의미한다. 릭스방크는 2021년 2월까지 이어질 시범 운영에서 고립된 시험 환경에서 e-크로나 사용을 모의실험하게 될 것이라고 덧붙였다.

이미 스웨덴 은행 점포 중 70% 정도는 현금을 수납하지 않는다. 많은 스웨덴 상점들이 '현금 없는 가게'라는 알림판을 내걸고 있다. 스웨덴은 상점 주인이 손님이 주는 현금을 거절할 수 있도록 관련 법규까지 변경하였다. 즉 소매점에서 현금 사용을 배제하는 사례가 확산되고 있는 것이다. 프랑스는 디지털 유로Digital Euro 테스트 계획과 관련한 프로젝트를 진행하고 있다. 그리고 캐나다 역시 CBDC 발행에 적극적인 국가들 중의 하나로 꼽힌다.

블록체인, 그것이 알고 싶다!
| 블록체인의 개념 및 총론

　　블록체인이라는 용어 그 자체는 새로울 수 있다. 그런데 우리는 과거부터 현재까지 개인 간, 기업 간, 개인 및 공공 간의 여러 가지 약속과 계약 등을 기록하고 관리하면서 신뢰할 수 있는 정보를 생성하고 종합 관리하였다. 즉 이미 경제, 사회, 정치, 법제 등 다양한 여러 활동에서 약속, 계약, 기록 등을 활용할 때 블록체인과 유사한 맥락의 차원에서 수행하거나 지원하여 왔다. 참고로 블록체인과 블록체인기술은 동의어로 간주하여 사용하기로 한다.

이러한 것들이 디지털 환경에서 계약, 거래 및 기록하는 방식이 변화되면서 이를 관리하고, 제어와 규제 그리고 유지하기 위한 방식에도 큰 변화가 필요하게 되었다. 이와 같은 거대한 변화의 중심에 '블록체인 기술'이 부각되기 시작한 것이다. 현재 블록체인은 개방적이고 분산화된 디지털 원장元帳으로 당사자 간의 거래를 효율적으로 검증할 수 있으며, 영속적 내지 영구적인 기록이 가능하다는 장점이 있다.

블록체인 개념은 2008년 10월 사토시 나카모토Satoshi Nakamoto로부터 비롯된다. 사토시 나카모토의 9페이지로 구성된 획기적인 논문인 「Bitcoin : A Peer-to-Peer Electronic Cash System」 즉 「비트코인 : 개인 간 전자화폐 시스템」에서 출발한 것이다. 그 이전부터 진행되었던 암호화[10] 기법 및 전자화폐 등에 대한 연구를 집약한 것으로 평가된다. 논문에서 다룬 내용은 다음과 같이 크게 네 가지로 요약 정리할 수 있다. 1번은 P2PPeer to Peer, 개인 간 거래 전자 거래 및 상호 작용, 2번은 금융기관의 필요성 상실, 3번은 암호학적 증명으로 중앙운영기관 대체,

---

10 암호학(Cryptology)은 암호화기법(Cryptography)과 암호해독기법(Cryptanalysis)으로 구분된다. 암호화기법은 암호체계 설계 분야이고, 암호해독기법은 기존 암호체계를 해독하는 방법을 연구하는 분야이다.

4번은 중앙운영기관의 개입이 없는 네트워크 자체의 신뢰 인증 완결이다. 사토시 나카모토Satoshi Nakamoto는 2009년 1월 본인이 논문으로 설명하고 주장하였던 기술을 비트코인이라는 암호화폐를 통하여 직접 입증하였다. 바로 이러한 사항 때문에 블록체인을 설명할 때, 비트코인이 일정 부분은 동반 설명되어야 하는 이유와 배경이 되는 셈이다.

이 논문에서는 블록의 체인Chain of Blocks이라는 용어를 최초로 도입하며 제시하였다. 사토시 나카모토가 실제로 누구인지는 아무도 모른다. 그는 2009년에 비트코인을 알린 다음에 2011년 3월까지 비트코인 개발자 커뮤니티에서 활동하였다. 사토시 나카모토는 비트코인 개발을 핵심 개발자들에게 넘겨주고는 2011년 4월 완전히 자취를 감추었다. 그 이후로는 아무런 연락도 없으며 그 존재와 정체는 베일에 가려져 있다. '블록의 체인Chain of Blocks'이라는 용어는 시간이 경과되면서 블록체인Blockchain이라는 용어로 진화하게 되었다.

블록체인 기술은 과학기술 및 경제 등의 여러 부문에서 구현할 수 있는 수많은 애플리케이션을 포괄할 수 있다. 예를 들어 금융 부문에서는 금융 거래 및 결제 기능을 개선할 수 있다. 여러 분야에서 블록체인 기술의 강점을 활용하기 위한 기업과 국가의 노력은 증대되고 있다.

블록체인 기술을 이해하는 몇 가지 설명 '패턴'을 아래와 같이 제시하면, 독자들은 아래의 설명 '패턴' 중 독자 본인 입장에서 가장 순조롭게 이해가 되는 설명을 집중적으로 채택하여 이해할 것을 권장한다. '블록체인 또는 블록체인 기술'이라는 용어는 많은 경우에 자주 사용되고는 있지만 사실은 이해하기 불편한 개념이기 때문이다.

이미 앞의 부분에서 '데이터가 담긴 블록Block을 생성한 후 이전 블록들에 체인Chain처럼 연결하는 기술', 그리고 이때의 데이터는 주로 거래 기록이 담긴 원장Ledger를 의미하며, 바로 이 장부를 블록체인 네트워크에 참여하는 참가자들이 공유하고 공동으로 검증하는 분산 원장Distributed Ledger 기술이 블록체인임을 설명하였다.

[패턴 1]

데이터가 담긴 블록Block을 생성한 후 이전 블록들에 체인Chain처럼 연결하는 기술이다. 이때 데이터는 주로 거래 기록이 담긴 원장Ledger을 의미하는데, 바로 이 장부를 블록체인 네트워크에 참여하는 참가자들이 복사하여 나누어 가지고, 공동으로 검증하기 때문에 디지털화된 분산 원장分散元帳, Distributed Ledger 기술이라고도 표현한다.

[패턴 2]

블록체인은 거래정보 데이터를 특정 기관의 중앙 서버가 아닌 P2P 네트워크에 참가자가 공동으로 기록 저장 관리하는 분산 장부 기술을 의미한다. 즉 블록체인은 분산되고, 독립적이며, 개발된 공동 장부인 원장Ledger을 관리하는 기술이다. 블록체인에서 블록Block은 거래 내역 및 발생 시간 등의 내용이 암호화되어 기록되는 단위이며 순차적으로 연속적으로 블록과 블록에 연결된 데이터베이스가 블록체인인 것이다.

[패턴 3]

블록체인은 정보의 위조 및 변조 방지를 위하여 암호화 방식을 이용한 정보 기록 기술이다. 새로운 거래 내역을 담은 컴퓨터 파일과 유사한 신규 블록Block이 형성되어 기존 블록에 계속 연결Chain되어 블록체인이라는 명칭이 형성되었다. 블록들은 끊임없이 계속 연결되며 각 블록은 이전에 생성된 블록과 연결되어 최초 블록Genesis Block까지 이어진다.

[패턴 4]

블록체인은 연결된 모든 블록을 변경하고 네트워크의 합의를 이끌어 내지 않는 한 소급해서 해당 기록을 변경할 수 없게 만들어진 탈脫중앙화되고, 분산되고, 공개된 디지털 원장으로 여러 컴퓨터에서 오가는 거래를 기록하기 위하여 사용된다.

[패턴 5]

블록체인은 연속적으로 추가되어 길어지는 안전한 공유 기록 보관 시스템으로, 각각의 데이터 사용자는 기록의 사본을 보유하며, 기록을 업데이트하려면 거래에 참여한 모든 당사자가 함께 업데이트에 동의해야 한다.

블록체인은 어떻게 작동되나?
| 블록체인의 적용 및 활용

새로운 거래가 발생할 때마다 거래 정보를 은행과 같은 중앙관리기관 또는 중앙운영기관이 관리하는 것이 아니라 거래 정보가 담긴 '블록'이라는 것을 만들어 거래자들이 승인하면 기존 장부에 블록이 연결되면서 '체인'이 형성되는 것이 블록체인의 원리이다. 결국 기본 원리는 중앙이나 공인기관이나 제3자의 개입을 배제하고도 안전하고 투명한 거래가 가능하게 되어 보안성 및 투명성이 제고되는 것이다.

블록체인이 주목을 받기 시작한 것은 비트코인이 등장하기 시작하면서이다. 블록체인은 비트코인 운영의 바탕이 되는 기술이다. 블록체인은 이미 설명을 한 것과 같이 모든 정보가 중앙에 집중되는 중앙집중형 시스템에서 벗어나는 것이다. 예를 들어 비트코인의 경우, 참여하는 모든 컴퓨터는 원장이라는 거래 장부 파일을 보유하게 된다. 그리고 거래 내역은 장부 끝에 블록으로 추가되는 구조로 되어 있으며, 해당 블록은 이전 블록과 연결되어 있기 때문에 특정한 거래 내역에 대하여 위·변조하려면 전체 블록을 모두 추적하여 변경하지 않는 한 불가능한 구조이다.

〈 블록체인 기술의 적용 프로세스 : 송금 사례 〉

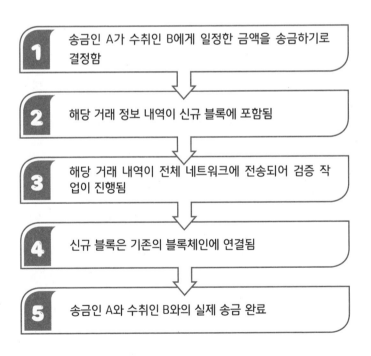

1 송금인 A가 수취인 B에게 일정한 금액을 송금하기로 결정함

2 해당 거래 정보 내역이 신규 블록에 포함됨

3 해당 거래 내역이 전체 네트워크에 전송되어 검증 작업이 진행됨

4 신규 블록은 기존의 블록체인에 연결됨

5 송금인 A와 수취인 B와의 실제 송금 완료

[원리 1]

분산分散형 데이터베이스로서 블록체인의 당사자는 전체 데이터베이스 및 별도로 해당하는 모든 이력 내지 기록에 접근할 수가 있다. 어느 한 당사자가 데이터 또는 정보를 통제하지 않는다. 모든 당사자가 거래 상대방의 기록을 매개자 내지 중간자의 개입이 없이 직접 확인할 수가 있다.

[원리 2]

P2PPeer to Peer 즉 개인 간의 전송이다. 정보의 전달 및 저장은 네트워크를 구성하는 P2P로 직접 이루어진다. 각각의 노드Node. 데이터를 전송하는 통로에 접속되는 하나 이상의 기능 단위가 정보를 저장하고 다른 노드 전체에 대하여 이를 전송하는 것이다. 부연하자면 중앙통제기관 또는 중앙운영기관 없이 P2P 네트워크 참여자들이 직접 주체가 되는 탈脫중앙화된 관리체제를 이룬다.

[원리 3]

기록의 불가역성不可逆性이다. 거래 사실이 일단 데이터베이스에 입력되는 것을 포함하여 일련의 절차를 마치게 되면 해당 기록은 확정되는 동시에 변경할 수가 없다. 해당 거래는 바로 그 이전의 모든 거래 기록과 연결된다. 다양한 알고리즘 및 접근 방법을 통하여 발생 순서대로 사건이나 행위가 데이터베이스에 기록되어 영속적으로 저장된다. 그리고 이를 통해 블록체인 네트워크 내의 참여자가 이용할 수 있는 환경이 형성되고 보장된다.

실제로 블록체인 기술이 사용된 서비스가 2019년부터 증가하고 있다. 보험금 자동청구와 같은 서비스가 시작되었고, 정부 주도의 블록체인 시범사업이 부분적이지만 지속적으로 진행되고 있다. 시범사업이 단 한 번으로 종료되는 것이 아니라 시범사업 이후 확대사업으로 계속 확장되고 있는 모습이다. 카카오페이 인증 서비스에도 블록체인 기술이 도입되어 있다. 기업들도 보안 측면에서 우위를 확보할 수 있기 때문에 내부 프로세스에 블록체인 기술을 적용하고 있다. 명품브랜드들의 정품正品 인증 그리고 자동차 회사의 부품 정품正品 인증 등에도 널리 활용되고 있다.

특히 블록체인은 2개 이상의 기업체 또는 조직체가 협업해서 서비스를 출시할 때에도 시너지가 발생한다. 블록체인을 채택하기 이전에 서로 다른 회사가 포인트나 마일리지를 통합할 때 보통 1년 이상이나 걸렸는데, 블록체인에 적용하면서 매우 원활하게 연동할 수 있게 되었다. 정부 부처에서는 신규 업무를 진행하거나 외부 유관有關 기관과 연계한 행정 업무를 설계해야 한다면 블록체인 기술을 적용하는 것이 합리적이라는 인식이 점진적으로 확산되고 있다.

일례로 정부는 '스마트 통관 서비스'를 부분적으로 시행하고 있다. 통관 정보의 공유를 통하여 실시간 수입신고 및 허위 신고 방지 효과를 얻었다. 블록체인의 도입으로 신속한 통관이 가능해지고 투명하게 세원稅源을 확보할 수 있게 된 것이다. 또한 투명성이 미흡하여 걱정하는 분야 중 대표적인 것이 기부寄附, 중고차, 신분 확인 분야이다. 이들 부문에서 투명성이 확보된다면 더 활성화될 수 있는 부분이고 블록체인이 충분히 접목 가능한 부문이다.

2017년 MIT매사추세츠공과대학교가 종이로 된 실물의 졸업장을 학생이 직접 받는 전통적인 형태에서 벗어나 블록체인 학위증을 시범 도입하였다. 국내에서는 POSTECH포항공과대학교이 2020년 2월부터 블록체인 학위기Blockchain Certificate, 블록체인 기반 디지털 학위증를 발급한다. 이미 지난 2019년 6월 시범 단계로 블록체인 증명서 형태를 발급한 바 있다. 결론적으로 시간과 공간의 제약 없이 개인별 디지털 졸업장을 부여받게 되는 것이다. 코로나19신종 코로나바이러스 감염증의 확산으로 졸업장을 직접 받기 힘든 학생에게 편의를 제공하고, 대학 증명서 학력 위·변조 문제에 대해서도 원천 차단할 수 있을 것으로 기대된다.

기존의 학위증은 모두 결국 종이 형태로 발급된다는 점에서 위조 및 변조 가능성으로부터 자유롭지 못하다. 반면에 블록체인 기반 증명서는 암호화된 접근 경로를 따라 정보에 접근 가능하다는 강력한 특징이 있다. 한편 여담餘談이지만 위조 여권은 여전히 존재하고 있다는 점에서 블록체인 기반의 여권에 대하여 주목할 가치가 있다고 필자인 황재민 저자는 판단한다.

한편 세계은행World Bank은 2019년 12월 18일 '분산원장기술 생태계 발전 가능성Digital Ledger Technology Ecosystem Outlook with World Bank's Cases'이라는 주제의 강연에서 블록체인 기술의 실제 적용 사례를 제시하였다. Blockchain 및 AI 기반 아프리카 케냐 모바일 연금제도 사례가 그것이다. 자세한 내용은 다음과 같다. 케냐에서 출시한 블록체인 기반 소액 연금 사례로서, 케냐의 자영업자의 경우 기존 연금에 가입하기 위해서는 여러 절차를 거쳐야만 하였다. 관련된 절차들이 복잡하기 때문에 소요되는 비용도 많았지만, 그 중개 과정에서의 사기詐欺도 빈번히 일어났다. 이러한 이유와 배경에 따라 세계은행World Bank은 블록체인 기술을 기반으로 한 애플리케이션App을 출시하여 케냐 국민들이 모바일을 통해서 연금에 가입할 수 있게 하고, AI인공지능로 신분 확인 절차를 진행함으로써 절차에 드는 시간과 비용을 모두 줄였다. 세계은행World Bank은 이미 2018년 8월 세계 최초로 블록체인 채권을 발행하기도 하였다.

이제는 왜 블록체인을 적용해야 하느냐는 질문이 예전보다 상대적으로 많이 사라졌다. 주요 서비스에 이미 블록체인 기술이 적용되어 있지만, 굳이 일반 고객 또는 일반 사용자들에게 복잡하고 난해한 블록체인 기술의 내용을 일일이 설명하지 않는다. 반드시 설명할 필요가 없기에 블록체인 기술을 앞세우지 않으면서 설명 자체를 생략하는 경우가 늘고 있는 것이다. 이제 초연결, 초지능, 초융합을 가장 큰 가치로 삼는 4차 산업혁명의 높은 파고波高에서 신뢰의 기술로 자리를 잡아가고 있는 것이 바로 블록체인 기술이다.

노벨(Nobel)상 후보 지명, 블록체인 & 비트코인
| 블록체인과 비트코인 그리고 창시자

블록체인 기술은 비트코인의 바탕이 된다. 그리고 비트코인은 블록체인 기술을 화폐에 적용한 첫 번째 결과물이다. 부연하자면 블록체인 기술은 비트코인을 만드는 과정에서 등장한 핵심적인 새로운 기술이다. 비트코인은 단기간 내에 급속도로 성장했다. 2009년 1월 탄생 직후 비트코인 1개 값은 50원 정도에 불과했지만 10년도 지나지 않은 2017년에는 2,000만 원을 돌파한 적이 있다. 특히 한국은 전 세계 비트코인 거래의 20% 이상을 차지할 정도로 관심이 높았던 시점도 있었다.

이에 따라 많은 경우에는 블록체인 기술과 비트코인을 혼용해서 사용하고 있기도 하지만, 블록체인 기술과 비트코인은 결코 동의어가 아니다. 암호화폐라는 표현과도 역시 동의어가 아니다. 비트코인은 여러 가지 암호화폐 중 하나이며, 암호화폐 또한 블록체인 기술을 이용해서 만든 성공적인 사례 중의 하나이다. 하지만 블록체인 기술을 제대로 알기 위해서는 반드시 비트코인의 탄생 배경부터 이해할 필요가 있다.

비트코인은 2008년 미국발 금융 위기를 배경으로 등장했다. 당시 미국 정부는 금융기관들의 실패가 초래한 위기를 해결하기 위해 막대한 양의 달러를 발행하였다. 결국 미국 달러의 가치는 추락했다. 물가는 폭등했고 금리는 바닥을 쳤다. 영원할 것이라 믿어 의심치 않았던 세계 기축통화인 달러의 위세가 무너진 것이다. 이때를 기회 삼아 소수의 자본가는 막대한 부를 챙겼지만, 대다수의 경제 구성원은 엄청난 손실을 입어야 했다. 이는 결국 기존 화폐 시스템에 대한 불신으로 이어졌다.

금융기관의 비대화와 권력화에 대한 실망감과 낭패감으로 새로운 화폐 모형에 관심이 모아지게 되었다. 이에 중앙에서 기능하는 은행 없이도 원활하게 작동할 수 있는 탈중앙화가 핵심인 암호화폐 시스템을 개발하기에 이른다. 사토시 나카모토Satoshi Nakamoto라는 가명을 쓰는 가상의 인물이 비트코인이라는 본격적인 암호화폐를 개발하였다. 가상의 인물이라 칭한 이유는 개인인지, 집단인지조차 확인되지 않고 있기 때문이다.

이들의 화폐 즉 비트코인은 통화를 발행하고 관리하는 중앙운영기관으로서의 은행, 정부, 회사 등이 존재하지 않는다. 개인과 개인이 직접 거래하는 이른바 P2PPeer to Peer방식으로 거래가 진행된다. 해킹이 현실적으로 불가능하며 중앙운영기관의 비합리적인 규제와 운영에서 자유롭다.

비트코인은 블록체인 기술의 최초 애플리케이션이다. 또한 비트코인은 최초로 완전히 탈중앙화된 디지털화폐를 세상에 알리며 새로운 화폐혁명을 시작하였다. 네트워크와 프로토콜 측면에서 대단히 안전하고 안정적임을 입증하였다. 화폐로서의 비트코인은 가격과 관련하여 큰 변동성을 지니고 있다. 그럼에도 불구하고 그 특유의 안전 자산 내지 투자 수단이라는 가치 창출로 인하여 비트코인 시장을 일정 부분 구축하고 있다.

비트코인은 이미 2017년 말 시카고상품거래소Chicago Mercantile Exchange, CME와 시카고상업거래소CBOE가 비트코인 선물先物을 출시하였다. 뉴욕증권거래소New York Stock Exchange, NYSE 역시 비트코인 선물을 출시한다고 2019년 9월에 발표하였다. 미국의 대표적인 증권거래소인 NYSE뉴욕증권거래소가 비트코인 선물先物을 출시함에 따라 비트코인이 주류 투자수단으로서 인정을 받게 되었다.

이러한 비트코인의 구현을 가능하게 하는 가장 핵심적인 기술이 바로 블록체인 기술이다. 블록체인 기술은 기본적으로 '탈脫중앙'을 지향한다. 중개자를 없애고 소비자와 공급자를 바로 연결해주는 '직거래' 기술이다. 중앙으로 집중했던 네트워크의 거래내역 같은 데이터를 모든 참여자 즉 사용자에게 분산하여 저장한다. 특히 블록체인 기술에 대해 대중의 폭발적 관심을 촉발시키며 눈길을 모은 것이 사토시 나카모토Satoshi Nakamoto의 비트코인이었다.

사실 널리 알려지지 않은 내용이지만, 디지털화폐는 이미 수십 년 동안 연구가 지속되었던 분야였다. 초기에 암호화폐 내지 디지털화폐를 개발하려는 시도는 1980년대 초까지

거슬러 올라간다. 미국의 컴퓨터 과학자 겸 암호학자인 데이비드 차움David Chaum은 1982년 「Blind Signatures for Untraceable Payments추적 불가능한 결제를 위한 은닉 서명」라는 논문을 통해서 사이버 공간 즉 인터넷상에서 현금처럼 사용할 수 있으며 또한 추적이 불가능한 암호화폐를 최초로 제안하고 제시하였던 경우가 있었다. 블라인드 서명을 사용하여 추적이 불가능한 디지털화폐를 구축하는 기법이었다.

이 기법에 의하면 은행에서 디지털화폐를 발행할 때 사용자가 화폐에 부여되어 감춰진 무작위 일련번호에 서명을 한다. 그러면 사용자는 은행에서 서명한 디지털 토큰을 화폐로 사용할 수 있다. 이 기법의 한계는 은행이 사용된 모든 일련번호를 파악하고 있어야 한다는 점이었다. 이 기법은 설계상 중앙집중 시스템이었고 사용자가 이 시스템을 신뢰해야 했다. 그 이후인 1988년에 데이비드 차움David Chaum은 연구 협력진과 함께 E-Cash라는 개선된 버전까지 제안하였다.

한편 지금까지 '사토시 나카모토Satoshi Nakamoto'임을 주장하는 가장 대표적인 사람은 '크레이그 스티븐 라이트Craig Steven Wright'이다. 만약 그의 주장이 진실이라면 2009년 디지털

가상화폐 비트코인이 처음 등장한 이후 2016년 기준으로는 7년 만에 개발자 신상이 공개되는 셈이다. 2016년 5월 2일 오스트레일리아호주 컴퓨터공학자인 45세의 크레이그 스티븐 라이트는 영국 BBC, 세계적인 경제주간지 이코노미스트 등 세계적인 3개 언론매체 보도를 통해 자신이 비트코인을 개발했다고 밝혔다. 그동안 비트코인 개발자에 대한 정보는 철저히 비밀에 붙여진 채 다양한 설이 난무했다. 일부의 주장이지만 관련 업계에서는 일본인이 비트코인을 개발했다고 전해져 오기도 했다. 그렇지만, 2020년 1월 지금 이 순간 기준으로 국적을 포함한 그 어떤 사실도 확인이 불가능하다.

크레이그 스티븐 라이트Craig Steven Wright는 언론보도를 통해 "언론의 추측 기사와 빈번한 취재로 측근 직원들의 사생활 침해가 심각했다."며 "이제 개발자의 진위眞僞에 대한 논쟁이 끝나기를 바란다."고 밝혔다. 라이트Craig Steven Wright가 비트코인 개발자라는 의혹이 처음 제기된 것은 미국의 정보기술IT 전문 매체들이 그를 개발자로 지목하면서부터이다. 호주 당국이 납세와 관련된 문제로 라이트의 집을 압수수색하면서 진짜 개발자라는 주장이 설득력을 얻기 시작했다. 주요 외신에 따르면 라이트는 10년 이상의 디지털 포렌식Digital Forensic. 각종 디지털

기기나 인터넷에 있는 데이터를 수집·분석하여 범죄의 증거를 확보하는 수사 기법, '전자법의학', '전자법의학수사' 경력을 보유하였고, 20년 이상 IT 보안 관련한 업무에 종사한 것으로 알려지고 있다.

그동안 자신이 '사토시 나카모토'라고 주장하는 사람들은 많았다. 심지어 사토시 나카모토를 자칭하며 반박하는 상대방에게 법적 조치를 취하는 경우마저도 있었다. 더불어 미국 저작권청著作權廳에 비트코인 논문과 코드 저작권 등록을 신청하기도 했었다. 한때는 드보 위르겐 에티엔 귀도라는 벨기에 남성이 미국 판사에게 자신이 사토시라는 편지를 보내기도 했었다. 결론적으로 자신이 사토시 나카모토임을 명확하게 입증한 사례는 현재까지 없다는 것이 진실이다. 알려진 진실은 사토시 나카모토가 컴퓨터 공학자로 지난 2008년 논문 발표에 이어 약 3개월 후에는 그 논문을 입증하는 블록체인을 적용한 결과물로서 2009년초에 비트코인 개발을 발표했다는 사실이다. 결론적으로는 현재까지도 사토시 나카모토의 정확한 정체가 밝혀지지 않고 있다. 일부에서는 비트코인에 대한 관심과 열기 때문에 본인 스스로 자신에 대한 '안전安全'을 위하여 더더욱 은둔隱遁하고 있을 것이라는 관측도 많다.

참고로 2014년 <뉴스위크>는 일본계 미국인이자 컴퓨터 엔지니어인 도리언 프렌티스 사토시 나카모토Dorian Prentice Satoshi Nakamoto를 실존 인물로 지목하기도 했다. 또한 특정인이 아닌 커뮤니티의 가명일 것으로 추정하는 경우도 있다. 비트코인 및 블록체인을 개발한 커뮤니티가 자신들을 감추기 위해서 가명假名을 쓴 것이라는 뜻이다.

이러한 와중에도 '비트코인' 창시자로 알려진 사토시 나카모토가 해당 논문 자체가 지니는 '의의 및 가치'에 힘입어서 2016년 노벨 경제학상 후보로 선정된 적이 있었다. 2016년 노벨상위원회 위원으로 임명된 바그완 츠웨드리 UCLAUniversity of California at Los Angeles 교수가 사토시 나카모토를 노벨 경제학상 후보로 지명하였다. 물론 사토시 나카모토의 성향性向상 설령 '2016년 노벨 경제학상'을 최종적으로 수상한다 하더라도 시상식 연단에는 결코 나서지 않을 것 등의 예상되는 문제로 인하여 후보 선정까지에만 머물렀다. 일부의 의견이지만 인류가 마침내 평화적인 방법으로 글로벌 기축통화基軸通貨, Key Currency 역할을 할 수 있는 화폐를 갖게 되었기에 사토시 나카모토가 노벨 평화상을 받아야 한다는 주장까지도 있다.

화폐 이상의 화폐
| 비트코인의 원리 및 핵심

비트코인은 블록체인 기술을 기반으로 하는 온라인 암호화폐이다. 그리고 블록체인 기술이 집약된 첫 결과물이 비트코인이기 때문에, 비트코인을 이해하는 것은 블록체인 기술의 이해와 일정 부분 그 맥락脈絡을 같이하고 있다. 2008년 10월 사토시 나카모토라는 가명을 사용하는 프로그래머가 창시자가 되어 발표한 논문에서 비트코인은 태동하였다.

논문 발표 시점에서 약 3개월 경과 후, 즉 2009년 1월부터는 비트코인은 일반적인 화폐와는 달리 중앙은행과 같은 중앙운영기관이나 중개기관이 없이 P2P 방식으로 사용자들 사이에 직접 자유 거래를 할 수 있는 암호화폐로 발행되기 시작하였다. 비트코인은 현재 암호화폐의 대표 명사로 자리를 잡았고, 암호화폐라는 용어의 표현은 전산 및 통신 분야에서 사용하는 암호화 기법을 활용하여 거래의 신뢰성을 보장하는 디지털 결제수단임을 의미한다. 이때 비트코인의 기술적 기반이 암호학임은 명확한 사실이다. 비트코인 시스템은 완전히 투명한 수학적 원리 등에 의하여 운영되고 있기 때문에 사토시 나카모토를 비롯한 그 누구도 비트코인 시스템을 통제할 수 없다.

[일러두기]

지금 이 지점부터 시작하여 모듈 06장의 마지막 부분까지의 전체 내용은 노벨 경제학상 후보 지명 논문이었던 '사토시 나카모토'의 논문 내용이다. 따라서 이해 과정이 다소 복잡할 수가 있다. 논문의 주요 내용은 아래와 같다.

비트코인의 태동胎動이 되는 동시에 블록체인에 관련한 근원적인 위치를 차지하는 '사토시 나카모토'의 논문 초록抄錄 전문全文을 소개한다.

BITCOIN

: A Peer-to-Peer Electronic Cash System

Satoshi Nakamoto

Abstract.

A purely peer-to-peer version of electronic cash would allow online payments to be sent directly from one party to another without going through a financial institution. Digital signatures provide part of the solution, but the main benefits are lost if a trusted third party is still required to prevent double-spending. We propose a solution to the double-spending problem using a peer-to-peer network. The network timestamps transactions by hashing them into an ongoing chain of hash-based proof-of-work, forming a record that cannot be changed without redoing the proof-of-work. The longest chain not only serves as proof of the sequence of events witnessed, but proof that it came from the largest pool of CPU power. As long as a majority of CPU power is controlled by nodes that are not cooperating to attack the network, they'll generate the longest chain and outpace attackers. The network itself requires minimal structure. Messages are broadcast on a best effort basis, and nodes can leave and rejoin the network at will, accepting the longest proof-of-work chain as proof of what happened while they were gone.

국문본은 필자가 내용의 밀도 및 이해도라는 차원에서 평역評譯을 하였다. 논문의 초록Abstract 전문全文을 소개하기로 한다.

비트코인

: P2P 전자 화폐 시스템

Satoshi Nakamoto

초록Abstract

완전한 개인과 개인 간 방식의 전자화폐를 이용하면 금융기관을 통하지 않고 온라인 송금이 가능하다. 전자 서명을 사용하는 것이 해결책이 될 수 있겠지만, 이중지불double-spending을 방지하기 위해 신뢰받는 제3자의 개입을 필요로 한다면, 주요한 장점은 사라지게 된다. 본 논문을 통해서 P2P 네트워크를 이용한 이중지불 문제의 해법을 제시하고자 한다. 계속하여 진행되고 있는 암호화 기반 작업 증명 과정의 연쇄상에서 네트워크 시간 및 거래를 암호화하여 기록을 생성하게 되면 작업 증명 과정을 다시 수행하지 않는 한 변경할 수 없게 한다. 가장 긴 체인은 네트워크에 의해 검증된 거래의 연속적인 기록인 동시에 가장 큰 연산능력의 결과물이기도 하다. 노드들에 의하여 제어되는 컴퓨터 연산능력의 과반수가 협력하여 네트워크를 공격하지 않는 한, 가장 긴 체인을 생성하여 네트워크 공격자를 능가하여 무력화시킬 수 있다. 이러한 네트워크는 최소한의 구조를 필요로 한다. 각 노드들은 자발적으로 그 네트워크를 이탈하거나 재합류를 할 수 있다. 그리고 이탈한 기간에 네트워크에서 어떠한 일이 발생하였는지에 대한 입증으로 가장 길게 형성된 작업증명 체인을 받아들이는 노드들의 메시지가 최대한 공유된다.

화폐 논쟁의 쟁점들
| 비트코인의 화폐적 지위

비트코인이 화폐의 역할을 수행할 수 있을지 살펴보자. 먼저 화폐에 대한 정의를 포함한 몇 가지 내용을 보도록 하자. 학자들마다 제시하는 기준이 다소 다르기는 하지만, 일반적으로 화폐는 교환이 가능하고 가치를 저장할 수 있어야 함은 분명하다.

인류는 국가 발생 이전부터 서로에게 필요한 물품을 교환하는 형식으로 삶의 질을 개선하였다. 과일과 물고기를 바꾸기도 했을 것이고, 쌀과 가죽을 바꾸기도 했을 것이다. 그러나 이러한 교환 행위에는 한계가 있다. 부패하거나 부피가 큰 물건들은 교환도 어렵고 보관 역시 쉽지 않기 때문이다. 그래서 인류는 조개껍질과 같은 화폐를 사용하기 시작했다.

여기서 우리가 주의 깊게 봐야 하는 점은 조개껍질의 '가치 저장 기능'이다. 결론부터 말하자면 조개껍질에는 가치를 저장하는 기능이 거의 없다. 실제 옛사람들이 조개껍질을 화폐로 사용한 것도, 모양이 변하지 않고 이동할 때 보관이 용이한 형태였기 때문이다. 다시 말해, 인류의 1세대 화폐는 가치 저장의 기능보다 '교환 기능'에 중점을 두고 있었음을 알 수 있다. 여기에 조금 더 의미부여를 하자면 화폐의 본질은 가치 저장 기능보다는 교환기능의 성격이 더 강했다고 해석할 수도 있겠다.

가치 저장의 시각에서 우리가 쓰고 있는 돈과 유사한 화폐의 모습은 메소포타미아 지방의 고대 왕국 리디아Lydia에서 만들어졌다. 이들의 화폐는 천연 금 75%와 은 25%를 섞어서 만든 합금 코인이었다. 화폐 크기는 콩의 크기와 비슷했으며, 금속의 비율과 무게를 인증하는 마크가 새겨졌다. 이 새로운 형태의 화폐는 국가의 통치를 위해 여러 방면으로 사용되었다.

이제 시간이 많이 경과되었다. 기본적인 개념을 단순

화해서 설명해 보면, 미국의 화폐를 일정량의 금으로 바꿀 수 있도록 비율을 정하고, 다른 국가가 자국의 화폐를 미국의 화폐와 연동하는 방식으로 운영되었다. 예컨대, 1970년대까지 유지되었던 브레턴우즈 시스템의 경우 35달러를 중앙은행에 주면 금 1온스Ounce, 금 1온스는 31.1gram를 얻었다.

그러나 1950년대 이후 일본, 유럽 등의 추격으로 미국의 무역수지는 적자가 되었다. 이와 같은 문제는 베트남전쟁을 겪으면서 더 심각해졌다. 주변국들은 경기가 좋아지면서 달러 보유고가 급속도로 증가했지만, 미국의 경우에 금이 지속적으로 유출되며 달러 가치가 하향곡선을 그리게 되었다. 미국은 늘어나는 재정 수요를 위해 금을 확보하지 못한 상태에서 달러를 끊임없이 공급해야 했다. 미국은 결국 금본위제도金本位制度를 더 이상 유지할 수 없었다. 1976년에는 자메이카Jamaica의 수도 킹스턴에서 변동환율제變動換率制를 골자로 한 새로운 킹스턴체제가 태동하였다. 그 이후 세계 화폐 시장은 변동환율제로 운영되었다.

지금 이 정도 지점에서 정리를 하면 다음과 같다. 먼저 화폐의 역사가 우리에게 전달해 주는 메시지는 분명하다. 첫째,

인류 최초의 화폐는 가치 저장 기능보다 교환 기능의 성격이 더 강했다. 둘째, 세계 주요국인 미국이 무제한적인 발권력을 지녔던 것은 역사적으로 예외적인 사례이다. 셋째, 금본위제가 폐지되면서 미국의 달러는 불태환不兌換 화폐, 즉 금을 포함한 그 어떠한 실물로도 바꿔주지 않는 화폐가 되었다. 화폐와 금의 가치를 연동하는 금본위제는 고정환율제를 뜻한다.

그런데 미국은 외국의 달러 보유량이 미국의 금 보유량을 넘어서자 1971년 리처드 닉슨 대통령 때 금본위제를 폐지했었다. 즉, 현재의 달러는 정부가 보증해 주는 종이 그 자체에 불과하다. 언어의 호사가好事家라고 할 만한 전문가들은 다음과 같이 주장하기도 한다. '현재의 화폐는 그 자체가 국가적 약속에 의한 것이다. 그리고 국가의 흥망성쇠興亡盛衰가 영원불변이 아닌 것이라면 각국의 화폐 역시 또 다른 시각에서 보자면 일종의 가상화폐假想貨幣인 셈이다.'

100달러 지폐가 100달러의 가치를 가지는 것은, 국가라는 중앙운영기관의 시스템 속에서 다수의 사용자가 그렇게 인식하고 사용하기 때문이다. 다시 말해, 인류 최초의 화폐인 조개껍질과 현재 우리가 쓰고 있는 달러 화폐 모두 가치 저장의 기능보다 교환 수단으로서의 기능이 훨씬 더 강하다는 것이다.

암호화폐가 화폐로서 역할을 수행할 수 있는지를 살펴볼 때, 암호화폐가 법정화폐와 경쟁하면서 경제 내에서 광범위하게 확산될 가능성은 낮다는 견해가 지배적이다. 그러나 베네수엘라의 경우에는 국가에서 직접 페트로Petro. 세계 최초의 정부 주도 암호화폐라는 암호화폐를 발행한다. 페트로는 석유에 기반하며 정부에서는 국영 기업들에 대하여 페트로 사용을 의무화하였다. 이에 따라 석유 판매부터 여권 수수료에 이르기까지 주요한 모든 부분에 페트로 코인 사용을 강조하고 있다. 국제선을 운항하는 비행기들은 베네수엘라 국영석유기업이 판매하는 모든 연료를 페트로 코인으로 구매하도록 선언하였다. 또한 여권을 포함한 국가 문서 서비스에 대한 비용을 페트로로 지불할 것을 의무화하였다.

그런데 이때 주의할 사항은 암호화폐의 대명사인 비트코인 그 자체가 반드시 "법정화폐에 버금가는 화폐라는 지위를 획득해야만 그 기능을 다하는 것은 결코 아니다."라는 사실이다. 비트코인의 경우 이미 그 나름대로의 새로운 시장을 형성하고 있기 때문이다. 그러므로 현행 화폐 시스템을 반드시 대체

해야만 할 필요성이 있는 것은 아니다. 비트코인은 화폐의 본질적 관점에서 볼 때 태생적인 한계점을 지니고 있다. 추가로 설명을 하자면 비트코인의 발행량이 2,100만 비트코인으로 사전적 확정되어 있다는 사실, 그리고 가격 변동성의 폭이 크다는 사실은 법정화폐로서의 기능을 수행하기에는 약점이다. 한편 여전히 각국의 규제가 불확실하고 특정 이슈가 발생할 때마다 단기 수요가 일시적으로 집중되는 투기적 모습이 있는 것도 사실이다.

그럼에도 불구하고 미래형 화폐의 진화를 위하여 비트코인을 바라보는 몇 가지 관점을 보도록 하자. 글로벌 불확실성에 강한 금이나 달러와 같은 대안적代案的인 안전 자산인 동시에 각국 정부의 관리를 받지 않는 '탈중앙적' 성격이 강해서 가치 자산으로 생각하는 인식이 기본적으로 존재한다. 그러한 가운데 비트코인 발행량 확정이라는 사실을 장기적인 가치론價値論 관점에서 해석할 때 향후 수요와 공급에 의해 희소성이 더 높아질 것이라는 예상이 확대되고 있다. 또한 금 시세 차트와 비트코인의 흐름이 매우 비슷하다는 분석이어서, 비트코인이 '디지털 골드Digital Gold'가 될 것이라는 견해도 있다. 이러한 시각에서 투자 자산으로 대중에게 어필하고 있는 점도 사실이다.

비트코인에 대한 이러한 여러 가지 논란 및 논의에도 불구하고 비트코인이 법정 화폐로서 역할을 수행할 수 있는지를 살펴보는 것은 차세대 화폐 관점에서 그 의미가 있다. 편의에 따라 지금 이 부분에서는 암호화폐의 대표 선수인 비트코인으로 가정하기로 한다. 우선 교환의 매개수단, 계산단위, 가치의 저장수단 등 화폐의 기능에 비추어 점검해 보면 다음과 같이 설명을 할 수 있겠다.

첫째, 교환의 매개수단 관점이다. 화폐가 '교환의 매개수단'이 될 수 있는 이유는 휴대의 편의성과 광범위한 수용성을 갖추었기 때문이다. 암호화폐는 가치의 변동이 매우 크고 통용에 대한 법적 강제력이 없어 단기간 내에 광범위한 수용성을 갖는 것은 쉽지 않을 전망이다. 다만 암호화폐는 중개은행을 배제하고 이체할 수 있기 때문에 국가 간 송금과 같은 제한적인 분야에서 경쟁력을 가지고 지급수단으로 이용될 가능성이 있다. 그리고 언제 어디서나 글로벌 화폐 차원에서의 최소한의 공유된 인식 자체는 이미 형성되어 있음은 주목할 대목이다.

둘째, 계산단위 차원이다. 화폐는 경제적 가치를 측정하고 모든 재화 및 서비스의 가격을 표시하는 계산단위의 기능을 수행해야 마땅하다. 그러나 암호화폐는 높은 가격 변동성 등으로 인해 가치를 나타내는 척도로서의 역할을 수행하기 어렵다. 중앙은행이 공급량을 조절할 수 있는 화폐와 달리 암호화폐는 알고리즘에 의해 사전에 공급량이 정해지므로 가격 불안정성이라는 어려움을 극복해야만 한다.

셋째, 가치의 저장수단 관점이다. 화폐가 가치의 저장수단인 이유는 높은 유동성과 가치의 안정성을 갖추었기 때문이다. 유동성이란 특정 자산이 적은 거래비용으로 교환의 매개수단으로 전환될 수 있는 정도를 의미하는데, 화폐는 그 자체가 교환의 매개수단이므로 유동성이 가장 높은 자산으로 널리 통용되고 있다. 이에 비하여 암호화폐는 높은 가격 변동성으로 인해 가치의 안정성을 확보하기가 어려워 가치 저장 기능을 수행하는 데 제약이 크다.

2019년 11월 기준으로 전 세계 비트코인 ATMAutomated Teller Machine. 현금자동입출금기 또는 자동금융거래단말기은 6,000대를 돌파하였다. 비트코인 ATM 전문 통계 사이트 코인ATM레이더의 조사에 따르면 2019년 11월 17일 기준으로 총 75개국 6,003대의 비트코인 ATM이 설치되었다. 비트코인 ATM은 2019년 6월

5,000대를 넘어서며 확장세가 날로 빨라지고 있다. 특히 11월에만 107대의 ATM이 추가적으로 설치되었다. 이러한 수치는 하루 평균 11대 꼴의 증가세이다.

다만 ATM 설치의 대부분은 북미 지역에 집중되었다. 미국이 4,125대로 전체 비트코인 ATM 시장을 압도적으로 주도하고 있다. 이어 캐나다729대, 영국295대, 오스트리아193대, 스페인86대 순이다. 야후파이낸스는 비트코인 ATM 산업이 급속도로 성장할 것이며 오는 2024년까지 암호화폐 ATM 산업의 연평균 성장률이 46.61%에 달할 것이란 전망을 내놓은 바 있다.

그러므로 비트코인으로 대표되는 암호화폐의 사용 및 확산이 활성화된다면 소정의 화폐로서의 가치가 점진적으로 증대될 수도 있지만 분명한 것은 제한적이라는 점이다. 2100만 개로 한정한 공급량 제한 차원에서 본다면 필연적으로 비트코인의 희소성은 투자 대상으로서 더 큰 주목을 받을 것으로 예견된다.

암호화폐에는 기존 화폐에 없는 분명한 장점들이 있다. 위조 및 변조가 매우 어렵고, 거래 비용이 적게 든다. 또한 무엇보다 기존의 화폐와 달리 중앙은행과 같은 중재자를 필요로 하지 않는다. 시간이 지나면서 암호화폐의 교환기능은 점진적으로 활성화될 것이다. 여러 종류의 암호화폐가 시장 원리에 따라 재편이 이루어지고 그 이후 살아남은 암호화폐는 글로벌 화폐로서 일정 부분의 역할을 수행할 수도 있을 것이다.

비트코인은 이미 환전換錢이라는 절차를 완전히 불필요하게 만들었다. 국경을 초월한 암호화폐의 대표격인 비트코인은 가격 변동성에도 불구하고 국경을 초월한 가치 저장 수단이다. 즉 인류가 지금까지 사용해 온 화폐에 비하여 독특한 특유의 경쟁력을 가지고 있다. 세상의 모든 것이 디지털화가 대세大勢인 시대에는 더욱 필요한 것으로 다가올 수 있다. 아울러 지폐와 주화를 지속적으로 발행하는 비용과 절차 등의 관련되는 문제도 시간 경과에 따라 새로운 모색摸索이 필요할 수 있다.

왕복잡 용어 총정리
┃ 암호화폐 용어 종합

      암호화폐, 암호통화, 가상화폐, 가상통화, 디지털화폐, 디지털통화 등등 매우 다양한 용어가 사용되고 있다. 이들 용어들을 구분하여 살펴보기로 한다. 통화Currency의 핵심 기능은 교환의 매개물이기 때문에 현금 그리고 수표 등등은 통화이다. 화폐Money는 보편적으로 통용되는 지불 수단을 의미하며, 법화法貨, Legal Tender, Fiat Money는 법에 의해 강제로 통용이 인정된 화폐를 의미한다. 그러므로 통화가 가장 큰 범주의 개념어이고, 그 다음으로 화폐가 위치하며, 가장 적은 범주가 법화이다. 즉 엄밀하게 보자면 다음과 같이 정리를 할 수 있다.

통화 ⊃ 화폐 ⊃ 법화

여기서는 이러한 설명에도 불구하고 통화와 화폐는 동의어로 간주하기로 한다. 그러므로 가상화폐와 가상통화 그리고 디지털화폐와 디지털통화는 모두 동의어로 이해하기로 한다. 이때 디지털화폐 또는 디지털통화는 암호화폐, 가상화폐, 전자화폐 등을 모두 포함하는 넓은 개념이다.

한편 암호화폐Cryptocurrency라는 것은 P2PPeer to Peer 네트워크에서 안전한 거래를 위하여 암호화 기술Cryptography을 사용하는 가상화폐로 개념을 설정할 수가 있다. 가상화폐와 암호화폐는 엄격하게 구분하자면 가상화폐를 좀 더 큰 개념으로 보는 견해가 강하지만, 명확하게 구분되어진 것은 아니다. 따라서 암호화폐와 가상화폐는 일단은 우선 모두 다 동의어로 간주하기로 한다. 그러나 이때 암호화 기술 즉 암호학이 적용되면 '암호화폐'로 이해하고, 그러하지 아니한 경우에는 '가상화폐'로 이해하는 것이 더욱 합당한 논리 전개임은 분명하다. 참고로 대형서점을 운영하는 회사들의 온라인서점에서 적용하는 포인트제도 또는 항공사의 마일리지제도와 전자상품권 등은 모두 일종의 가상화폐인 셈이다.

IMFInternational Monetary Fund, 국제통화기금 등은 비트코인을 민간금융자산의 한 형태로 인식하고 암호자산이라고 명명하고 있다. 동시에 국내에서도 분산원장 및 암호화기술을 바탕으로 민간에 의하여 발행되어 대금결제 또는 투자대상 등으로 사용하는 것을 '암호자산'으로 표현하고 있다.

이러한 각종 용어 표현의 애로 사항을 극복하기 위하여 정책 당국은 다음과 같은 방침을 발표하였다. 그동안 암호화폐와 가상통화 등등으로 제각각 불렸던 용어가 '가상자산'으로 통일될 예정이다. 국회 정무위원회가 2019년 12월 25일 전체회의에서 '특정 금융거래정보의 보고 및 이용 등에 관한 법률특금법' 개정안에 따라 통합되기 때문이다. 즉 블록체인 암호화폐 산업 관련 기본법제정안이 마련되기 이전까지는 일단은 모두 '가상자산'으로 불러야 한다는 것이 법조계의 중론이었다.

한편 국회 정무위원회는 2019년 12월 25일, 비트코인 등 이른바 가상자산가상화폐·암호화폐 거래에 소득세를 부과하기로 했다. 가상자산 거래의 투명성을 높이기 위한 '특정 금융거래정보의 보고 및 이용 등에 관한 법률'특정금융거래정보법 개정안이 국회를 통과하고 정부가 세법까지 손질하면 그간 논의만 무성했던 가상자산 과세가 본격적으로 이뤄지게 된다. 2020년 세법 개정안에서는 구체적인 과세 방안을 담기로 했다. 과세 근거는 "소득이 있는 곳에 과세課稅가 있다."는 원칙에 따른 것이다. 가상자산 과세를 구체화하는 원론은 마련되었지만 각론은 더 준비해야 할 것으로 예상된다. 특정금융거래정보법은 현재 법제사법위원회와 본회의 통과를 앞두고 있으며, 개정안은 공포 후 1년이 경과된 시점부터 시행된다. 정부는 특정금융거래정보법이 국회를 통과하지 않더라도 제도화가 필요하다고 보고 과세 방식을 검토하는 중이다.

특정금융거래정보법은 국제자금세탁방지기구FATF가 한국 등 각 회원국에게 권고한 '암호화폐 거래소 인·허가제'와 관련한 정책의 방향성이 일정 부분 반영된 것이다. 이에 따라 각각 정의했던 가상통화와 디지털 토큰이란 용어도 '가상자산'으로 일원화一元化하여 합쳐졌다. 즉 '전자적으로 거래 또는 이전될 수 있는 가치의 전자적 증표'는 모두 가상자산에 속한다. 비트코인BTC과 이더리움ETH 등은 물론 블록체인 서비스디앱·dApp

이용권과 같은 유틸리티 토큰[11], 기존 마일리지, 포인트 등도 다른 재화로 교환할 수 있으면 가상자산에 포함된다. 이는 대통령 직속 4차 산업혁명 위원회 권고안보다도 광범위한 개념이다. 참고로 당시 대통령 직속 4차 산업혁명 위원회는 암호자산으로 용어를 통일하면서 법적인 지위를 비롯하여 조세 회계처리 방안 등이 마련되어야 한다고 권고했었다. 즉 가상이란 표현 대신에 주요 20개국G20 등 국제흐름에 맞춰 암호화된 디지털 자산으로 정의했던 것이다.

지금 모듈 08장은 그동안의 여러 용어 표현을 최대한 간결하게 그리고 객관적 시각에서 집대성하여 종합한 것이다. 워낙 여러 용어들이 혼재되어 사용되고 있기 때문에 총정리가 필요했던 부분이었다. 이러한 노력과 과정에도 불구하고 실제로 사용하는 현실 세계의 용어 표현에서는 그러한 용어 표현의 다양성이 여전히 나타날 것으로 예상된다. 결론적으로 독자들은 필요한 경우에 해당 내용의 문맥에 따라 섬세하게 수시로 살펴본다면 '용어' 그 본연의 내재적인 의미에 좀 더 적확的確하게 접근할 수 있을 것이다.

----

11 유틸리티 토큰 (Utility token) : 블록체인 기술의 가치를 증명하기 위하여 특정 블록체인 플랫폼에서 발행한 암호화폐를 의미한다. 참고로 대부분의 암호화폐는 유틸리티 토큰이다.

분발해야 할 이유들,
여기에 다⁽多⁾있다!
▌주요국의 블록체인 활용 노력

　　세계 주요국은 블록체인의 활용을 위한 다양한 노력을 전개하고 있다. 특히 위·변조가 불가능한 블록체인을 기반으로 하여 신뢰를 확보한 각종 데이터들이 AI, 5G, 사물인터넷IoT 등과 접목하여 우선적으로 금융 및 물류 등의 이종異種 산업 간 서비스 융합으로 이어질 전망이다.

　　이러한 가운데 코로나19로 인하여 중국에서는 비접촉식 전자결제가 확산되면서 중국의 디지털화폐 즉 디지털 위안화의 발행과 사용이 가속화될 것이란 전망이 나오고 있다. 그러면서도 중국은 모바일 결제 시장이 이미 매우 성숙하기 때문에 일반 유통매장에서 디지털화폐가 쓰일지는 시장의 선택과 디지털화폐의 효율, 비용, 편의성에 달려있을 것으로 예상된다. 2020년은 블록체인 그리고 암호화폐 기술을 기반으로 한 '디지털 금융 전쟁'의 원년元年이 될 것이라는 관측이 지배적이다. 융합산업의 핵심 기술인 블록체인을 활용하여 기술 중심 금융을 선점하려는 움직임이 미국과 중국, G2를 중심으로 본격화되고 있다는 분석이다.

미국은 정부 서비스에 블록체인을 활용하기 위하여 연방정부 및 주 정부의 법률 제정을 추진하고 있다. 정부 부처의 블록체인에 대한 관심 또한 증가하는 추세다. 연방정부는 제4차 개방형 정부를 위한 국가 실행 전략The 4th U.S. National Plan for Open Government에 블록체인 기반 보고 시스템을 명시하였다. 버몬트 주2016.6와 애리조나 주2017.3, 네바다 주2017.6는 블록체인의 기록이나 서명의 법적 효력을 인정하는 법안을 통과시켰다. 미국 질병관리예방센터는 기존에 병원이 보유한 진료 정보를 블록체인 네트워크에 저장하고 사물인터넷 등과 접목하고 있다.

영국 국가보건서비스 기구는 환자가 실시간으로 자

신의 의료정보를 모니터링할 수 있는 블록체인 기술을 개발하고 있다. 또한 과학부를 중심으로 2016년에 블록체인을 국가적으로 도입할 것을 선언하고 각종 정부 서비스에 적용하고자 다양한 사업을 추진하고 있다. 영국 과학부는 2016년 「분산원장기술 : 블록체인을 넘어Distributed Ledger Technology: Beyond Blockchain」를 발간하였다. 이를 통해 정부의 블록체인 로드맵과 지방 정부 실증사업 추진 지원, 명확한 규제 마련, 산학협력과 민간협력 지원 등을 권고하고 있다. 영국은 또한 2017년 마련한 제2차 투자관리 전략Investment Management Strategy II에서 블록체인 기반 핀테크[12] 산업 육성을 명시하였다.

스위스는 2018년 경제부 장관 요한 슈나이더 암만Johann N. Schneider-Amman이 "스위스는 더 이상 크립토밸리Crypto Valley가 아니다. 크립토네이션Crypto Nation, 암호화국가, 디지털국가으로 거듭 탄생할 것이다."라고 한 선언에서와 같이 이미 세계적인 블록체인 산업의 중심지로 정착되었다. 스위스 중부의 소도시 주크Zug 시市에는 크립토밸리Crypto Valley가 조성되어 블록체인 분야의 실리콘밸리로 각광받고 있다. 주크에는 블록체인 관

----

12 핀테크(Fintech) : Finance(금융)와 Technology(기술)의 합성어이며, 금융과 정보통신기술의 융합을 통한 금융서비스 및 산업의 변화를 의미한다.

련 기업체만 무려 700여 개가 위치하고 있다. 주크 정부는 주민 등록과 각종 결제에 비트코인을 허용하고 있으며, 크립토밸리 협회Crypto Valley Association가 자율 규제안을 마련해가고 있다.

에스토니아는 세계에서 블록체인을 정부 시스템에 가장 먼저 도입한 국가다. 2014년 주민등록에 블록체인을 도입한 e-레지던시e-Residency. 전자시민권 서비스를 세계 최초로 선보였다. 이를 통해 전 세계 누구나 에스토니아나 EU 회원국에서 법인을 설립할 수 있는 전자 신분증을 발급받을 수 있다. 에스토니아는 1997년 전자정부를 구축한 이후에 세금, 교통, 주민등록, 투표 등을 전산화해왔다. 2008년에는 세계 최초로 정부 기록에 블록체인을 도입하는 것을 검토하여 이미 2012년 보건, 형사, 법제, 사업자 등록 등에 블록체인을 적용하는 데 성공하였다.

중국은 암호화폐를 통해 새로운 글로벌 통화 패권을 구축할 계획이다. 2019년 10월 시진핑習近平 중국 국가주석은 "인공지능AI · 빅데이터 · 사물인터넷IoT 등 첨단산업과 융합을 통한 블록체인기술 산업의 혁신 발전에 속도를 내야 한다."고 강조하였다. 중국 인민은행은 이르면 2020년 중에 '중앙은행 디지털화폐CBDC'를 선전深圳. 심천과 쑤저우蘇州. 소주에서 시범 운

용할 계획이다. CBDCCentral Bank Digital Currency. 중앙은행 디지털화폐
는 비트코인과 같은 암호화폐가 아닌 디지털통화다. 금융투자
상품이나 자산이 아닌 실물 결제용 디지털화폐로 결제망에 중
국 국영은행과 이동통신사 · 텐센트Tencent · 알리바바Alibaba 등
공룡급의 ICTInformation & Communication Technology. 정보통신기술 기
업들을 포함시켰다. 중국이 미국의 달러 패권에 도전하는 수단으
로 바라보는 관측이 우세하다. 이에 중국은 CBDC를 통해 세계적
패권 장악을 시도할 것으로 보인다. CBDC는 블록체인을 활용하
면서 제3세계 국가들을 위안화 네트워크에 묶을 것으로 보인다.

공공서비스 분야에서는 전자투표의 조작이나 해킹을
방지하고, 투명성과 신뢰성을 높이기 위한 방안으로 블록체인 기
술을 활용한다. 스페인의 정당政黨 포데모스Podemos와 호주의 정
당 플럭스Flux는 정당 내의 의견 수렴에 블록체인 기반 투표 시스
템을 활용하고 있다. 영국에서는 복지 수당을 효율적이고 투명하
게 지급하기 위해 블록체인 도입을 추진하고 있다. 미국과 스웨덴,
조지아공화국 등은 부동산 등기와 거래에 블록체인을 적용하는
시범사업을 추진하고 있다. 미국 버몬트Vermont 주州는 부동산 거
래 기록 관리에 블록체인 시범사업을 추진 중이다. 스웨덴 국토조
사국은 토지 관리 시스템에 스마트 계약을 적용하여 토지 거래자,

부동산 중개인, 은행 등을 연결하는 서비스를 개발하였다.

3부를 완결하자면 다음과 같다. 블록체인 내지 블록체인 기술은 종래의 기존 기술과 달리 학제적學際的, 학문 사이의 경계를 아우르는 내지는 간학문적間學問的, 다학문적多學問的인 특징이 있다. 과학·기술학, 컴퓨터공학, 암호학, 가치철학, 윤리학, 법학, 경제학, 경영학, 정치학, 사회학 등이 포괄되어 융합적 성격이 크다. 우리 사회에 근본적이고도 획기적인 변화가 필요하며 이 사회 변화의 목적을 실현해야 한다는 메시지를 전하고 있다. 단순한 기술과 기능이 아닌 인프라Infra 모형의 관점에서 블록체인을 이해할 필요가 있다. 기술적으로 시스템 및 데이터의 무결성 그리고 그에 대한 신뢰를 확보하는 것은 4차 산업혁명의 전개에서 핵심 과제이다.

이러한 배경과 요청에 따라 블록체인 기술은 아래의 '블록체인 활용 가능 분야에 대한 일부 예시' 자료와 같이 다양한 분야에서 적용되고 활용될 수 있는 인프라 기술이 될 것이다. 블록체인 기술은 이미 은행 및 보험 등의 금융 분야, 의학 및 건강관리를 포함한 의료 분야, 유통·물류 분야와 공공 서비스 분야 등에서 그리고 국내·외에서 적용되거나 활용되고 있다.

〈 블록체인 활용 가능 분야에 대한 예시 〉

· 디지털 자산의 거래

· 투표와 증권 거래

· 환자 기록의 종합 관리

· 디지털 미디어 영역에서의 소유권 인증

· 디지털 자산의 위조 및 변조 방지

· 디지털 ID

· 개인 인증 및 신분 확인

· 공유 경제의 포인트 관리

· 부동산 관리 및 계약의 디지털화

· 컴퓨터 네트워크 기반의 저장 관리

· 사물인터넷 영역의 접목

· 고객 프라이버시 관리

· 기업 관리 부문의 디지털화

블록체인 기술이 사회 운영의 곳곳에 부여하는 가장 큰 장점은 신뢰성 및 투명성이다. 정보 검증에 다수가 참여하고 그 과정을 누구나 직접 살펴볼 수 있기 때문이다. 따라서 조작이나 위·변조 가능성을 배제할 수 있다.

한편 블록체인을 활용하여 효과를 기대할 수 있는 분

야에 투표가 있다. 조작 불가능성, 정보 신뢰성, 과정 투명성 등등 투표의 필수 요건이 모두 갖추어졌기 때문에 최적이다. 특히 블록체인의 상징인 탈脫중앙화라는 핵심 가치 역시 대다수 민의民意를 모으는 절차로서의 투표와 잘 어울린다. 투표에 블록체인을 활용하는 방안은 일찍부터 전 세계적으로 개발·실행되어 왔다. 에스토니아에서는 전자정부 시스템에 블록체인 기술을 적용한 전자투표를 구축하여 이미 투표에 활용하고 있었다. 스페인, 이탈리아, 호주 등에서는 정책 결정에 블록체인 기반 투표를 사용하는 정당들이 활동하고 있다. 미국에서도 2016년 대선 후보 선정 과정에 블록체인 투표를 활용하기도 했다. 이러한 블록체인의 활용은 사회적 합의 및 신뢰 자본이라는 사회적 자산으로서의 가치가 충분히 확보되었기 때문이다.

우리나라가 과거 반도체 불모지不毛地에서 지금은 주도적 국가로 비약적인 발전을 이룬 것과 같이 블록체인도 우리나라가 강점을 가질 수 있는 분야일 수 있다. 이제는 미래지향적인 관점에서의 논의와 실행에 초점을 맞추어야 한다. 즉 블록체인 기술의 실용적 발전을 위하여 총체적 차원에서 무엇을 해야 하는지 논의하는 시간이 필요하다. 블록체인을 효율적으로 활용할 수 있는 탈脫중앙화 비즈니스 모형을 찾는 것이 중요함은 아무리 강조해도 부족하다.

4차 산업혁명의 세계적 리더이며 경영컨설턴트인 탭스콧Don Tapscott은 다음과 같이 블록체인에 대하여 평가하고 있다. "인류 발전을 위한 최대 잠재력이 블록체인 기술에 있다." 그리고 "인터넷이 지난 30~40년을 지배하여 온 것과 같이 블록체인 혁명이 향후 30년 이상을 지배할 것이다."라고 전망한다. 즉 블록체인이 4차 산업혁명의 필수 기술이며 인프라 기술이라는 의미이다.

블록체인 기술은 일반적으로 그 이전의 기술을 현저히 능가하는 혜택을 부여하는 파괴적 기술로 평가된다. 특히 대다수의 4차 산업혁명 또는 블록체인 전문가들은 블록체인 기술이 현재의 인터넷 기반 시스템을 총체적으로 변혁시키는 파괴적 혁신 기술임을 거듭 강조하고 있다. 시장을 주도하면서 산업을 전면적으로 재편하는 기술인 이른바 파괴적 기술의 관점에 덧붙여 함께 더불어 개선하고 진화하는 공진화共進化, Coevolution, 상호 관계를 통한 진화적 변화적인 차원의 '블록체인의 혁신성 및 활용성'에 더 크게 주목할 필요가 있다. 가치 창출형의 신뢰 기반 아키텍처로서 블록체인 기술은 지금 바로 여기에서 우리에게 성찰과 통찰을 동시에 요구하고 있다.

찾아가는
4차 산업혁명
BOOK 콘서트

전국의 초·중·고등학교 재학생 및

학부모님을 대상으로

희망하시는 해당 지역에 방문하여

학생 및 학부모님과 여러 가지 이야기를 공유하며

함께 성장하고 발전하는

'찾아가는 4차 산업혁명 BOOK 콘서트' 특강에

많은 신청 그리고 참여를 바랍니다.

- **분야** : 4차 산업혁명과 나의 진로 그리고 대학 입시

- **강사** : 사단법인 한국미래과학진흥원 교수진

- **주최** : (사) 한국미래과학진흥원

- **문의** : 황재민 원장 pamir@yonsei.ac.kr

세부 사항은 협의에 따라 진행하며 모든 사항은 조정 가능합니다.

4차 산업혁명의 본질을 이해함으로써 변화의 거센 물결이 발전과 공존의 플랫폼이 되기를 희망합니다!

권선복

| 도서출판 행복에너지 대표이사

2016년 스위스에서 열린 '다보스 포럼'의 '클라우스 슈밥' 회장이 처음으로 언급한 '4차 산업혁명'의 개념은 전 세계를 순식간에 뒤흔들어 놓았습니다. 각 시대의 진보는 사회를 그 이전에는 짐작조차 하기 어려웠던 모습으로 변화시켰기에 다가오는 4차 산업혁명 역시 세계를 완전히 바꾸어 놓을 것으로 기대되고 있는 것입니다. 그런데 4차 산업혁명은 정확히 무엇일까요? 정말 많은 이들이 4차 산업혁명에 대해 이야기하고 있지만 그럼에도 불구하고 막연하고 어렵게 느껴지는 분들이 더 많을 것입니다.

이 책 『4차 산업혁명 에센스』는 이러한 분들을 위해 4차 산업혁명의 기본이자 정수精髓라고 할 수 있는 세 가지 키워드를 중심으로 4차 산업혁명이 무엇인지, 이로 인해 우리 사회가 어떻게 변화할 것인지, 4차 산업혁명이 근본적으로 무엇을 지향해야 하는지 알기 쉽게 설명해 주고 있습니다.

이 책이 규정한 4차 산업혁명의 세 가지 기본 키워드는 바로 AI인공지능, 5G5세대 이동통신, Blockchain블록체인입니다. 이를 통해 산업 현장이 인공지능을 통해 '스마트공장'이 되어야 하는 이유, 자율주행 자동차와 사물인터넷을 진정한 '혁명'의 단계로 끌어올리기 위해서 반드시 새로운 통신망 5G가 필요한 이유, '비트코인' 정도로만 대부분이 인식하고 있는 블록체인 기술의 진정한 본질과 미래 가능성을 이해할 수 있습니다. 3명의 4차 산업혁명 전문가가 들려주는 시원하면서도 흥미진진한 설명이 특히나 새로운 미래를 살아갈 다음 세대의 청년들에게 피와 살이 될 수 있을 것이라 믿습니다.

많은 이들이 4차 산업혁명의 도래를 기대하기도 하지만 또한 두려워하기도 합니다. 우리가 예측할 수 없는 전혀 새로운 미래가 전개될 확률이 크기 때문입니다. 하지만 『손자병법』의 옛 격언이 말해주듯, 상대가 과연 어떤 존재인지 정확히 안다면 4차 산업혁명은 막연히 두려운 존재가 아니라 우리의 미래를 한 단계 높여 주는 든든한 파트너가 되어줄 수 있을 것입니다.